A vida pode ser diferente

Editora Appris Ltda.
1.ª Edição - Copyright© 2021 dos autores
Direitos de Edição Reservados à Editora Appris Ltda.

Nenhuma parte desta obra poderá ser utilizada indevidamente, sem estar de acordo com a Lei nº 9.610/98. Se incorreções forem encontradas, serão de exclusiva responsabilidade de seus organizadores. Foi realizado o Depósito Legal na Fundação Biblioteca Nacional, de acordo com as Leis nos 10.994, de 14/12/2004, e 12.192, de 14/01/2010.

Catalogação na Fonte
Elaborado por: Josefina A. S. Guedes
Bibliotecária CRB 9/870

B277v
2021
	Barros, Lorenna
	    A vida pode ser diferente / Lorenna Barros.
	- 1. ed. - Curitiba: Appris, 2021.
	    173 p. ; 23 cm.
	
	    ISBN 978-65-250-0862-2
	
	    1. Técnicas de autoajuda. 2. Autogerenciamento (Psicologia). I. Título.
	
	                                                       CDD – 158.1

Appris
editora

Editora e Livraria Appris Ltda.
Av. Manoel Ribas, 2265 – Mercês
Curitiba/PR – CEP: 80810-002
Tel. (41) 3156 - 4731
www.editoraappris.com.br

Printed in Brazil
Impresso no Brasil

LORENNA BARROS

A vida pode ser diferente

FICHA TÉCNICA

EDITORIAL	Augusto V. de A. Coelho
	Marli Caetano
	Sara C. de Andrade Coelho
COMITÊ EDITORIAL	Andréa Barbosa Gouveia (UFPR)
	Jacques de Lima Ferreira (UP)
	Marilda Aparecida Behrens (PUCPR)
	Ana El Achkar (UNIVERSO/RJ)
	Conrado Moreira Mendes (PUC-MG)
	Eliete Correia dos Santos (UEPB)
	Fabiano Santos (UERJ/IESP)
	Francinete Fernandes de Sousa (UEPB)
	Francisco Carlos Duarte (PUCPR)
	Francisco de Assis (Fiam-Faam, SP, Brasil)
	Juliana Reichert Assunção Tonelli (UEL)
	Maria Aparecida Barbosa (USP)
	Maria Helena Zamora (PUC-Rio)
	Maria Margarida de Andrade (Umack)
	Roque Ismael da Costa Güllich (UFFS)
	Toni Reis (UFPR)
	Valdomiro de Oliveira (UFPR)
	Valério Brusamolin (IFPR)
ASSESSORIA EDITORIAL	Evelin Louise Kolb
REVISÃO	José Bernardo dos Santos Jr.
PRODUÇÃO EDITORIAL	Jaqueline Matta
DIAGRAMAÇÃO	Daniela Baumguertner
CAPA	Amy Maitland
COMUNICAÇÃO	Carlos Eduardo Pereira
	Débora Nazário
	Kananda Ferreira
	Karla Pipolo Olegário
LIVRARIAS E EVENTOS	Estevão Misael
GERÊNCIA DE FINANÇAS	Selma Maria Fernandes do Valle
COORDENADORA COMERCIAL	Silvana Vicente

A todos que buscam a sua reforma íntima.

Agradecimentos

Agradeço ao meu mentor e amigo pessoal Leopoldo, que me orientou durante todo o processo desta obra e no meu processo de evolução espiritual.

À Cinthia, minha mãe, que sempre me apoiou em meus sonhos e me ensinou tudo o que eu sei. Em toda minha vida, não conseguiria dimensionar o tamanho dessa gratidão.

Aos meus irmãos, Lucas, Leandro, Luanna e Thais, que me inspiraram a escrever esta obra com todo nosso convívio. Em cada parte deste livro tem um pouco de vocês, nossa amizade é além do nosso corpo carnal.

À minha irmã do coração, Juliana, com quem eu tive tantas conversas importantes e momentos especiais que me marcaram muito. Sou muito grata por tudo o que vivemos juntas.

Ao meu pai, Egmaldo, que me trilhou no caminho das pedras e ensinou-me que com o meu esforço e minha garra consigo chegar aonde eu quero, obrigada por tudo.

E àquele que acompanhou a minha infância e me ensinou o valor de um abraço e carinho sem laço sanguíneo. Sou eternamente grata por estar nos meus dias, Wesley.

Agradeço também ao pai dos meus irmãos e meu pai de coração também, Aldamir Geraldo. Sempre me inspirei muito em sua determinação e sou muito grata por todo o carinho que sempre teve comigo.

Minha gratidão aos meus avós que sempre foram uma inspiração para mim, ao meu tio Túllio Albuquerque, que me proporcionou momentos tão alegres.

Sumário

O primeiro passo 13
Eu me aceito de volta, e você? 15
Felicidade é ser o que quiser ser 17
O que eu te desejo 19
A essência da mesma luz em nós 21
Seja melhor para você 23
Nem sempre recebemos flores 25
Um mundo que se pode colorir 27
Conheça o desconhecido em você 29
O que você faz com a sua história? 31
O cuidado na vida 33
O início de tudo 35
Somos a chave para todas as portas 37
Nem sempre precisa ter sentido 41
A caverna te limita 43
Somos visita no outro 45
Estar sozinho não é solidão 47
A carta de uma amiga 49
Toda fuga é resultado de alguma decepção 51
Um mundo de juízes 53
Reprimindo nossas sombras 55
O que o silêncio tem a dizer 57
Me estendendo a mão 59
A minha existência se conecta com a sua 61
Sensibilidade 63
Emoções feridas 65
Quando o amor se sente em casa 67

Quando a vida em você florescer 69
Lidando com os dias ruins 71
O dia em que o amor me ajudou a seguir 73
Você floresceu 75
A singularidade da vida 77
Dois mundos conectados pelo amor 79
Um pouco de amor 81
O passado no presente 83
Há muito amor aí 85
Marcando a vida da melhor forma 87
Hoje eu me escolhi 89
Respeito e admiração por sua história 91
Quando negamos a dor 93
O julgamento também é um grito de socorro 97
Não desista de quem está se tornando 99
A verdade em você 101
Tudo bem não ter explicações 103
Uma carta da solidão para você 105
Encontrando o equilíbrio na vida 107
Nossas escuridões 109
Se salve dessa dor 111
O seu autoperdão é importante 113
Uma nova chance 115
Continue... 119
Você não está sozinho nessa estrada 121
Vem dançar nessa vida comigo 123
O tempo 125
Faça por você 127
Autoconceito 129
Joguinhos emocionais 131

Meus espelhos...133
Viajantes..135
Ser uma folha em branco.......................................137
Uma viagem inconstante.......................................139
Ciclo perigoso...141
Existe luz na escuridão...143
Autocobrança...145
Existência compartilhada......................................147
Nossa história...149
Encontrando a luz novamente................................151
Eu te aceito: dor..155
Venha conhecer o nosso conto de vida....................157
Nosso chamado..159
Uma nuvem escura no céu...................................163
Confie na sua estrada..165
O que vivemos quando desviamos do destino..........167
Os finais recomeçam a vida..................................169
O fim do poço é a porta camuflada do caminho para a cura......171

O primeiro passo

O primeiro passo é o inicial para a sua cura pessoal. Só nós podemos dar esse passo, é uma escolha nossa e uma transformação que está totalmente em nossas mãos. Eu sei que é complicado se enxergar aos pedaços e sentir que não se pode fazer nada para mudar isso, é assim que nos sentimos quando nos machucamos na vida. Talvez, esse seja o primeiro passo, se enxergar nessa situação e ter um amor por si mesmo que lhe trará de volta, que te dará forças para se tirar dessa situação.

Ter essa responsabilidade em nossas mãos é assustador, eu sei. Porque, de certa forma, todos os buracos em que caímos são fraquezas nossas que só podem ser curadas por nós mesmos. Somos o princípio de tudo, somos a resposta e o caminho. Só negamos isso o tempo todo, porque enxergar que grande parte de nossas dores são permitidas por nós mesmos é ainda mais doloroso. É como perceber que, em muitos momentos da vida, nos soltamos nesses buracos, como se desistíssemos de nós mesmos, e então permitimos que a escuridão chegue e faça morada dentro de nós.

Nos colocamos em situações carregadas de mágoas, porque de certa forma a nossa esperança era colher alguma coisa boa desses momentos, na busca de pequenos preenchimentos para nossa alma, como o amor, a felicidade e a realização pessoal.

Estamos sempre buscando alguma coisa, mas falhamos na forma como permitimos que tudo tenha tanto controle sobre nós. Nossas **emoções** nos controlam mais do que a situação em si, mas, muitas vezes, são emoções fantasiosas e elas também transformam a realidade. Quando nos decepcionamos com alguma situação ou com alguém, significa que não enxergamos a verdade, que mascaramos a transparência da realidade. A decepção acontece porque a sua imagem fantasiada sobre aquela pessoa ou situação falou mais alto do que a verdade. Nós formamos muitas verdades mascaradas, quando desejamos muito que algo seja de acordo com as nossas vontades, isso dá uma nova forma ao que era natural, essa forma é feita em você, é a sua maneira de enxergar essa pessoa ou situação e isso diz mais sobre você do que sobre a pessoa ou a situação em si.

Assumimos essas falsas vidas porque queremos que a vida, mais uma vez, tome a nossa forma, tenha as nossas verdades e seja refletida por nossos espelhos, mas nem tudo se molda à sua maneira, as coisas têm a sua formação pessoal e única. Quando passarmos a viver sem lutar o tempo todo por moldes de nós mesmos em cada canto da vida, vamos passar a enxergar a beleza única de cada coisa e perceber que a verdade não é uma só, existe o belo em todas as formas, mesmo que essas sejam diferentes do que você esperava, talvez seja o que você precisava nesse **momento**. Nem sempre temos consciência do que precisamos, porque ainda somos viajantes perdidos e encontrar o rumo pode dizer muito mais sobre o caminho do que a chegada, talvez seja esse o seu destino, não ter o sentido da rota, talvez assim as coisas sejam mais observadas e sentidas por você. Então quando parecer que você está o tempo todo se perdendo, como se cada vez que você tentasse acertar, mais perdido ficasse, esteja perdido, fique perdido, talvez não seja a rota o problema, mas a sua maneira de ver o caminho.

O que quero dizer com isso é que você pode estar no paraíso, mas está ocupado demais buscando outra beleza e essa fixação pode te levar a caminhos mais cruéis. Então olhe o que tem, seja o que é e esteja onde está, é tudo o que você precisa, não mais e nem menos, apenas o que lhe foi confiado. O seu mundo tem valor, mas só enxergará isso quando perceber que ele **existe**.

Se perder é o primeiro passo para se encontrar.

Eu me aceito de volta, e você?

Somos influenciados por outras ideias, outras crenças, outras opiniões, com muita facilidade. Mas somos mais resistentes as nossas próprias influências. É mais complicado acreditar em simesmo do que em um estranho. E por que vivemos tão desconfiados do que diz nossas vozes interiores? Por que fugimos das nossas versões? É como se negar, se recusar a ouvir o que você mesmo tem a dizer.

Estamos falando algo o tempo todo, nossas vozes nunca se calam, mas negamos as suas existências. E por isso sentimos tanta solidão, como se estivéssemos, longe de casa. Porque realmente estamos negando a nossa casa, estamos morando em outros lares, morando em outras opiniões e em outras mentes, dando as costas para nossa própria companhia. Toda essa solidão que sente e esse desencaixe é porque você tem procurado em outros o que só tem em você. Temos todas as respostas, somos seres capazes de superar as maiores perdas e as maiores escuridões, porque somos fortes, mas ainda não enxergamos nossas próprias capacidades. Sempre que seu coração é ignorado, ou calado para que outras vozes sejam ouvidas, matamos uma parte da nossa força e intimidade com nós mesmos.

Essa intimidade precisa existir, temos a necessidade de desvendar nossa própria vida, precisamos da nossa própria aceitação, do nosso próprio amor, mas buscamos tudo isso no outro. É quanto mais fazemos do outro nossas raízes, mais distantes de nós ficamos. É verdade que nossas relações são essenciais para nosso desenvolvimento pessoal, porque o outro é o nosso espelho. Através dele, conseguimos enxergar nossas próprias falhas e nossas melhores qualidades. Mas se não pegarmos todo esse aprendizado e levarmos para casa, será apenas uma experiência vazia. Quando me refiro a nossa casa, estou falando de nossa relação com nós mesmos, o quanto de você tem em si mesmo, o quanto de você tem naquilo que fala, ou naquilo que faz. É necessário sair de casa para encontrar outras vidas e, assim, construir nosso crescimento pessoal, mas não podemos nos esquecer de voltar para casa, porque é o nosso lugar. E quando abandonamos essa casa, também estamos nos deixando pata trás. E acredite, se deixar para trás é assinar a sua eterna prisão no outro, sua eterna dependência do outro e com isso, suas dores e frustrações. Porque somos nossa cura.

E, talvez, nesse processo, você aprenda que, mais do que voltar para casa, precisamos carregá-las conosco onde quer que estejamos. Mas isso é um processo que exige muitas quedas. Porque conhecer sobre nós mesmos e, mais do que isso, aceitar a nós mesmos, é um caminho cheio de incertezas. Nesse processo, você terá momentos de vitória, onde se sentirá muito próximo de suas próprias raízes, mas também terá momentos em que viver com si mesmo é como estar dormindo com seus maiores medos e inseguranças. Mas tudo bem. Só não desista do seu relacionamento mais importante, porque sem ele, nenhum outro nunca será suficiente.

Só somos capazes de doar uma parte nossa se essa parte existir na nossa intimidade, ou seja, só seremos bons para o outro se nos tornarmos ótimos para nós mesmos. Caso contrário, todas essas necessidades que tem de si mesmo serão projetadas nas suas relações com o outro, em forma de dependência, mas não se sentirá nunca realizado, tudo será sempre pouco para você, porque tudo o que busca está em casa, então, volte para casa.

Fazer visitas a quem amamos é sempre bom, mas amar quem mora eternamente com a gente é melhor ainda. Seja o amor mais importante da sua vida.

Felicidade é ser o que quiser ser

Onde está a sua felicidade? Como alcançar esse sentimento tão almejado, mas que parece sempre tão distante?

Ser feliz é ser você. Ela vem assim, por razões pequenas, nos pequenos gestos, nos olhares mais simples, naquilo que pouco se vê mais muito se sente. Ela vem como uma anestesia ao coração ferido, vem para preencher o espaço vazio, curando as mágoas que o tempo deixou.

Eu desejo que essa felicidade seja despertada em você, que você dê espaço para que ela chegue e se acomode em sua alma, assim como quem chega pra ficar.

E que ela não deixe espaço para a solidão, que ela te coloque pra dançar em uma noite de tempestade, que ela te convide pra abrir os olhos da alma e deixar o coração falar, que ela se torne a sua melhor companhia nessa viagem.

Ela traz a certeza de que não importa o caminho, você sempre estará bem acompanhado e preparado para todas as noites chuvosas que acontecem dentro de você, porque nós nascemos com a capacidade de recomeços, sabemos como dar os primeiros passos na vida, e em muitos momentos, a vida te faz reaprender tudo o que achou que já soubesse, nos sentimos crianças aprendendo a dar nossos primeiros passos novamente, mas não pense que isso seja como regressar, eu chamo de despertar. Não há tempo certo para começar de novo, todo dia você recomeça um pouco. Isso é felicidade, ter a capacidade de admirar até mesmo as marcas que a vida deixou aí dentro.

O que eu te desejo

Desejo que você tenha um encontro carinhoso com si mesmo.

Desejo que se olhe nos olhos, que abrace suas feridas.
Desejo que entenda suas faltas.
Desejo que faça mais por você mesmo.
Desejo que seja a sua melhor e mais importante história de amor.
Desejo que você conheça os melhores lugares para se habitar.
Desejo que você não se cobre tanto.
Desejo que você conheça a verdade, e que entenda que ela é o melhor caminho.
Desejo que você aceite as coisas como são e que ainda assim consiga admirar a vida.
Desejo que você se permita sentir a dor, que você desmorone quantas vezes forem necessárias, mas que aprenda a se levantar cada vez mais firme.
Desejo que os dias te encantem, como aqueles em que a paixão colore, como acontece nas histórias de amor. Desejo **MUITO**, mas os meus desejos também são os seus. Desejo que ouça sua voz silenciosa.
Desejo que tudo seja mais do que só um desejo, que encontre o caminho que te leve para todos esses desejos.

A essência da mesma luz em nós

A luz é transparência, clareza, força, energia, é a vida.

    Se luz é vida, mesmo nos nossos dias mais escuros, podemos sentir um calor diferente, uma esperança mesmo que minúscula, é a nossa vida nos trazendo de volta para a luz. Toda escuridão, carrega uma chama de luz, que se mantém viva até que você consiga perceber a sua existência. Somos compostos por diferentes formas de luz e escuridão, nossas atitudes podem iluminar ou apagar uma vida, principalmente a nossa própria.

    Nossas escuridões são alimentadas pelo medo. Temos tanta força em nós, que o medo se torna mais cômodo. Por medo agimos ou não agimos de determinada forma. Por medo da solidão, forçamos encaixes que não nos cabe, por medo do julgamento, agimos pouco com o coração, por medo da fraqueza, não aceitamos a dor. Todos os medos se resumem a grande necessidade que temos de sempre ter o controle de tudo, mas a verdade é que, a vida é um trem descontrolado que sabe exatamente o rumo que precisa seguir. Conheça seus medos, conecte-se com eles, ouça o que tem para te dizer, nem o medo tira o encanto da existência, mas te leva para distante dela.

    Ressignifique tudo o que deixou de ter significado para você. Isso é dar luz a nossa escuridão.

Seja melhor para você

Durante nossa estrada, mergulhamos em histórias diversas, passamos por momentos únicos, e durante essa viagem é comum acumular algumas feridas delicadas. Essas feridas costumam ser diferentes de qualquer outra, porque normalmente quando somos machucados, com o tempo não resta mais resquício desse machucado em nossa alma, apenas lembranças de um período de aprendizado. Esse é o natural da vida, caímos e logo cuidamos dos estragos da queda, até que a dor vá embora de vez.

Mas em algumas situações, os machucados são mais intensos, não ficam apenas no superficial, mas conseguem tocar mais fundo. Essas feridas nos acompanham durante um bom tempo, mas podem ficar adormecidas dentro de nós até o momento em que acionamos alguns gatilhos emocionais. Esses gatilhos são eventos que cutucam essas feridas adormecidas, despertando essa dor antiga. Todos nós temos esses gatilhos, porque todos nós temos essas feridas camufladas.

Quando alguma situação te faz remoer essa ferida, significa que você despertou o seu passado. É sempre um grande desafio ter que fugir desses gatilhos que estão fora de nosso controle, porque nos faz lembrar que ainda somos movidos por nossas doenças da alma.

Basta um instante para que você dê espaço para suas emoções turbulentas tomarem conta de tudo. Eu sei, é sempre muito difícil enfrentar a força que tem o nosso universo interior. Mas tudo bem, não busque controlar nada, nem fugir constantemente desses gatilhos emocionais.

O mais importante é dar voz ao que fala dentro de você. Dar atenção às suas acumulações emocionais. Quando cuidamos da ferida adormecida, paramos de fugir dos gatilhos, porque já não terá nenhum passado doloroso para ser despertado.

É uma tarefa difícil. Mas se achamos a tarefa de cuidar de nós mesmos algo impossível, mesmo sendo algo tão nosso, imagina o que enfrentaremos quando estivermos de visita no universo do outro. Não se abandone, porque a história termina assim que você se deixa para trás. E essa história é especial demais para ser descartada assim, sem nem mesmo se dar mais uma chance. Quantas vezes, somos o melhor amigo de alguém? Em quantos momentos você se viu acreditando no outro mais do que ele mesmo, lutando por ele e o amando mesmo quando cometia erros dolorosos com você? Precisamos insistir assim em nós também. Seja com você, tudo o que você é para aquele que ama. Porque, afinal, precisamos dessa dose de nosso próprio amor para deixar a vida mais leve e dar um alívio a essas feridas adormecidas.

Sempre que adormecemos algo dentro de nós, estamos tentando não enfrentar a tempestade, transformando-a em pequenas brisas, mas ela continua nos atingindo, mesmo que de gota em gota, a dor está apenas sendo prolongada, com isso, acreditamos que estamos vencendo a batalha. Quando na verdade, estamos sendo feridos em doses pequenas, mas sempre um pouco mais fundo, não vencemos a situação, estamos levando-a em nossa bagagem e permitindo que ela seja um peso diário em nossa vida. Siga viagem levando apenas o necessário.

Os gatilhos te lembram da ferida aberta por trás do curativo. Nem sempre cuidar do superficial é suficiente quando a doença já atingiu regiões mais fundas.

Nem sempre recebemos flores

Há momentos na vida em que nos envenenamos aos poucos, em doses pequenas, mas diárias. Guardamos mágoas de um passado doloroso e nesse instante, somos marcados de forma cruel por nosso próprio orgulho. Acumular um sentimento tão obscuro dentro de nós é se afogar constantemente em momentos dolorosos, a cada afogamento a raiva cresce um pouco mais, porque revivemos aquela dor e sufocamos as feridas mais um pouco.

    O perdão é ser salvo desse afogamento, mais do que ser salvo é perceber que podemos simplesmente nadar e permitir que tudo fique para trás. Ainda carregamos muitas dores de nosso passado, que se tornam bagagens pesadas demais. É necessário nos libertar dessa escuridão, permitir que tudo o que o outro nos causou seja uma bagagem dele e não nossa. É comum que a vítima continue se ferindo com as memórias, enquanto aquele que feriu sequer se lembra de tal ato tão doloroso. Os papéis se invertem, porque nos agarramos às nossas feridas na tentativa de um dia recebermos uma piedade de quem as causou. Mas acabamos vivendo nessa espera e quanto mais esperamos, mais feridos estamos. Entenda que o mundo ainda carrega muitas doenças, as pessoas estão em processo de florescimento, mas assim como você, ainda estão tentando se encontrar. É como se fôssemos cegos, perdidos, esbarrando um no outro, sem perceber o que causamos na vida do outro e sem enxergar a nossa doença. A maioria está de olhos fechados por vontade própria, por medo de enxergar e ter que enfrentar o seu mundo, estão apenas fugindo do momento de despertar, mas esse momento chega para todos.

    Então perdoe, não carregue com você os erros dos outros. Quando você dá espaço para que esse peso obscuro entre, você está permitindo que a sua luz seja contaminada por essa mágoa. Ao ponto de passar a viver por essa raiva, ao ponto de perder a sua vida para essa dor.

Quando você permite isso, está dando o controle da sua vida ao outro, mesmo que não seja a pessoa em si, mas está dando poder a marca dolorosa que ele deixou em você.

As pessoas chegam, oferecem aquilo que podem e nem sempre são flores, algumas sequer conhecem o cheiro das flores ou a sua beleza, tudo o que têm são espinhos. Mas nós só podemos dar aquilo que temos e alguns acabam dando seus espinhos achando que estão lhe oferecendo rosas. Eles não enxergam a verdade de sua alma. Passaram a vida toda recebendo espinhos e dor, fantasiados de falsas flores e falsos amores. Ensine-os aquilo que você sabe, faça com que ele conheça uma rosa, apresente o verdadeiro amor e perdoe-os se em algum momento essas pessoas te marcarem com a sua forma errada de doação.

Acima de tudo, alimente seus bons sentimentos, para que aqueles que chegarem até você com uma história carregada de raiva, tristeza e mágoa conheçam uma forma nova de sentir a vida e de doar-se a ela. Faça o seu papel de apresentar sempre a gentileza e o amor. Mas se proteja com esses mesmos sentimentos dos ataques dolorosos daqueles que viveram muito tempo na escuridão das próprias dores.

Nem todo amor é amor, alguns são só espinhos em falsas rosas.

Um mundo que se pode colorir

Nós não somos apenas uma página, somos o livro todo. Cada porção deste livro carrega um detalhe seu, do começo ao fim, um pouco de você da forma mais incrível que existe. Não se cobre tanto se em algumas partes da história o silêncio estiver mais presente do que suas ações. Alguns dias são só dias. Assim mesmo, calados, quietos, tão transparentes que é quase como se passasse em um sopro. Descanse quando o seu corpo e sua mente precisarem. Alguns dias, enfrentar o mundo é quase tão difícil quanto encarar nossos maiores desafios. Não se culpe por sentir que hoje as coisas não estão saindo como você planejava, não se atormente se o seu corpo e mente decidiram se recolher um pouco.

Mas mesmo nesses dias, se vista do seu melhor humor. Enfrentar nossas dificuldades já é muito complicado e desafiador, mas enfrentá-las com mau humor é como colocar mais peso no que já está insuportável de ser suportado. O bom humor te faz estar de frente com o problema, mas não te permite afundar nesse problema. A melhor forma de resolver nossos desafios é encará--los de frente, enxergar ele no seu todo, mas não se permitir ser afogado por essa confusão, porque quando você se permite ser invadido por essa angústia, você não consegue resolver o que precisa ser resolvido, porque está dentro da confusão.

Por isso, normalmente quando passamos por dificuldades que ferem nosso coração e mexem com nossas emoções, acabamos agindo totalmente com nossos impulsos e nos envolvendo cada vez mais com a situação, mas é difícil encontrar a saída nesse momento de vulnerabilidade, porque estamos sendo machucados de todos os lados e quando sentimos a dor, esquecemos por alguns instantes que tudo isso é passageiro e que existe uma saída. Essa saída você só enxerga quando se permite sair do meio desse problema e expandir a sua visão, nesse momento você consegue enxergar a luz mais na frente.

Eu sei que tentar sorrir quando está sangrando é quase um pecado para nós. É como se nosso corpo negasse esse conflito de emoções ao mesmo tempo, mas essa é uma prática que funciona muito e é uma das formas mais especiais de se curar. Quando forçamos um sorriso em meio a uma chuva de dor em nós, é como se estivéssemos dizendo ao coração que a vida é gostosa mesmo assim, que tudo bem sorrir mesmo que o mundo desabe, porque é por meio desse sorriso que nossas dores encontram sua cura, você está mostrando a elas que a alegria é o caminho para colorir o que está sem cor, com o sorriso, podemos colorir nossas folhas em branco, dando vida ao que nos foi tirado com tanta dor em algum momento. O sorriso nos devolve o nosso colorido, ele faz renascer o que está falecendo sendo alimentado pela dor. O sorriso contagia e por isso, quando sorrimos estamos doando essa energia de luz para cada parte ferida que carregamos em nós.

Sorria mais, a alma é alimentada pela alegria e felicidade, quando alimentamos a vida que tem em nós, estamos dando uma nova chance ao que estava adormecido em nosso mundo interior. Dar cor a vida é agarrar nossa esperança e acolher todo o nosso mundo dentro de um sorriso. Então, sorria para você mesmo hoje e dê um pouco de alívio ao que está doendo aí dentro. À medida que esse sorriso te envolve por completo, suas mágoas vão conhecendo uma luz e essa energia vai limpando toda essa sujeira acumulada até que tudo fique mais leve, até que tudo aí dentro volte a SORRIR.

Experimente sorrir hoje para o espelho e convide suas dores para mergulharem nessa energia do seu sorriso.

Conheça o desconhecido em você

Nunca se engane ou se permita ser prisioneiro da soberba na vida. Quando nos colocamos em uma bolha gigante onde aparentemente reflete nossos saberes e nosso mundo interior, esquecemos a vista lá fora e como ela é rica de saberes importantes. Quando achamos que já sabemos o suficiente, que nossas convicções e valores já estão formados, nos enganamos profundamente e nos vendamos diante do aprendizado constante que a vida é. Quando nos deparamos com um conhecimento novo, estamos assimilando aquilo que nos foi transferido e depois que foi transferido a nós, escolhemos acomodar esse conhecimento ou ignorá-lo.

Conhecer é essencial para que haja mudança e transformação pessoal. Mas não podemos apenas copiar esse conhecimento e guardá-lo conosco, é necessário mergulhar nessa nova visão de mundo. Quando nos deparamos com algo novo, estamos recebendo uma nova lente para enxergar o mundo com outras visões e com outras interpretações. Isso é fantástico, mas para que o aprendizado aconteça de forma significante, ele precisa chegar como um banho gelado na sua alma, te desconstruindo, te incomodando, te fazendo duvidar de suas convicções passadas, o conhecimento precisa te desmoronar, para que você aprenda novas formas de se reconstruir por meio desse novo saber.

Conhecer é mergulhar em partes desconhecidas de si mesmo, é enxergar um horizonte imenso à sua frente, que nunca tem fim. O conhecimento precisa te mostrar que a transformação e a busca por sua melhor versão, é constante e eterna. Ter a humildade de se permitir ser tocado por aquilo que você desconhece, é essencial para que você encontre o caminho da sua iluminação. Quando falo sobre se curar de suas escuridões e se iluminar por meio de sua natureza, estou te apresentando um caminho sem destino certo. Esse caminho não pode ser medido, não pode ser controlado a fundo, porque nesse processo de voltar para a sua luz, você vai passar por inconstâncias durante a missão. Terá estradas esburacadas, terá tempestades fortes e em alguns momentos, você pode voltar a cair em buracos obscuros e isso terá que te fazer subir mais uma vez, buscando forças que estão guardadas aí.

A missão com si mesmo é infinita, ela não tem uma data de validade, porque somos nossa eterna companhia. Você é tudo o que terá para sempre, por isso, a eternidade é formada de grandes oportunidades de transformações para o seu crescimento pessoal. Muitas pessoas passam por sua vida, elas levam consigo parte do que você carrega, podem levar um pouco do que aprenderam com você e aquilo que você plantou em suas vidas. Escolha plantar coisas boas no caminho daqueles que te visitam, ofereça a sua melhor versão, como aquelas visitas importantes que recebemos em nossa casa. Trate todos que passam pela sua vida, com a melhor recepção que tem a oferecer. Dê um pouco de atenção, compartilhe de seus melhores sentimentos, porque a forma como tratamos o outro, irá dizer sobre a semente que foi plantada no jardim dessa pessoa e essa semente, carrega muito do que tem em você e no seu próprio jardim. E nesse processo, recebemos tantas visitas, algumas passam um bom tempo em nosso lar, elas chegam a conhecer um pouco da sua intimidade e você também conhece parte do mundo dessa pessoa. Outras já passam depressa, correndo contra o tempo, e deixam aquela sensação de algo incompleto, mas saiba que até mesmo essas pessoas apressadas carregaram um pouco de você com elas, que seja o seu sorriso de "boas-vindas" ou a sua prestatividade em ter lhe recebido tão bem. Essas pessoas ficaram o tempo que precisavam, mas mesmo que a visita tenha sido rápida, ela levará alguma semente que você plantou em seu coração para sempre.

Temos um papel importante na vida do outro, então esteja no outro com amor e esteja em você por amor.

O que você faz com a sua história?

Inconscientemente estamos em uma corrida sem fim. Temos o hábito de comparar nossas histórias de vida, mesmo sabendo que cada um caminha à sua maneira e no seu ritmo. Essa comparação nos afasta dos nossos propósitos pessoais de vida, uma vez que buscamos ter o propósito do outro.

Hoje eu escrevo como uma forma de alívio. Escrevo não só a esse relógio que existe em você, mas também para o meu próprio. Eu sei que nossa mente às vezes corre depressa, o nosso relógio da vida é alinhado com base nas horas de outros relógios que não nos pertence. Quando digo isso, estou me referindo ao fato da nossa necessidade constante de viver a vida do outro, de conquistar as vitórias do outro, de sentir a felicidade do outro, e dessa forma, olhamos nossa vida no ritmo do outro. Tudo isso porque, em algum momento de nossas vidas, formamos a ideia de que somos competidores, como se estivéssemos correndo uma maratona para ver quem é mais forte, mais feliz, mais realizado, mais... e sempre mais, quando, na verdade, somos companheiros. E querer olhar a sua história comparando-a com a do outro é negar a sua particularidade. Todos nós temos percursos únicos, conquistas que se encaixam com nossas visões e propósito. Somos particulares, mas dividimos uma mesma jornada, isso nos faz estar conectados de certa forma uns aos outros. Essa conexão é um encontro de lutas fortes, de histórias fantásticas e enriquece nossa existência, porque estamos juntos. Estamos buscando uma realização pessoal em comum, um brilho na alma e uma cura de cicatrizes que compartilham semelhanças.

Não dispute, esteja presente e encontrando um sentido em conjunto. Porque tudo o que precisamos melhorar em nós mesmos é colocado como experiência nas suas relações, então cuide dessas conexões profundas. Quando você se fixa muito no céu do outro, perde o brilho das suas próprias estrelas, e quando vê, a noite chega e você sente o vazio em si mesmo, porque esteve preocupado demais em ter o brilho do outro, mas se esqueceu de cuidar do seu próprio.

O amor é o caminho, quando se vive por amor, você consegue enxergar o sucesso e a vitória do outro sem desejá-la a você, e ao mesmo tempo você abraça as suas próprias conquistas e derrotas, porque você ama o seu caminho, você ama a história que trilha, e você ama a sua particularidade. Esse amor precisa ser a fonte principal de nossas estradas, porque um caminho no amor é permitir que a alma seja o que é, e admirar a sua existência exatamente como é.

O crescimento é um processo, não tem hora e nem momento certo para acontecer, ele acontece quando a alma se afasta de prisões que a impediam de ascender e começa a ascender novamente, mas é importante que saiba que cada um na sua individualidade tem um florescer único, por ser uma alma única. Então jogue esse relógio fora, diga que não precisa mais de algo que lhe controle, porque não há como controlar o que é natural da vida, ela tem o seu próprio tempo e todas as transformações que são frutos dela também acompanham esse jeito individual de ser e de se desenvolver. Não é questão de quem chega aonde, ou quem está mais à frente, e sim quem durante a viagem se voltou para os próprios caminhos e soube reformar sua própria estrada, porque no final, o mais importante é quem você se tornou depois de cada momento vivido. E quanto de você curou outras feridas, outras escuridões e transformou outras vidas.

Tudo o que está em você tem um pouco das suas raízes, aprecie o seu florescer e conhecerá sua luz.

O cuidado na vida

Nossas relações precisam ser construídas com os ingredientes do cuidado. Quando digo isso, me refiro não apenas às relações com o outro, mas também, nossa relação com o nosso interior, ou seja, com nós mesmos. O cuidado é a maneira delicada de estar junto ao outro ou em si mesmo, sem nenhuma forma de violência física ou psíquica. Essa é a melhor forma de produzir boas coletas em outros corações e no nosso próprio, porque quando nos relacionamos por meio do cuidado, temos a sensibilidade de acolher o outro, de acolher as dores, acolher os defeitos e tudo o que faz parte desse ser. Cuide assim de você também, tenha uma atitude de autocuidado com as suas próprias cicatrizes, com as suas sensibilidades e com o seu mundo no todo.

    Esse cuidado vem acompanhado do respeito, da leveza e do amor. São elementos importantes para uma vida equilibrada, e para que isso aconteça é importante podar nossas visões no mundo, porque temos em nós uma falsa forma de cuidado, um cuidado que foi enraizado em nós, mas que não carrega sua essência real. Para nós o cuidado é um desequilíbrio e nunca um estado de divisão justa. Quando cuidamos muito do outro, deixamos de cuidar de nós mesmos e tornamos a nos ferir de todas as formas. Ou quando cuidamos muito de nós, nos esquecemos de cuidar do outro na mesma proporção. Esse cuidado é um amor pela metade. O verdadeiro cuidado, precisa ter início em nós e refletir nas relações com o outro.

    Uma relação saudável se dá com a recíproca dos sentimentos bons, sabendo que tudo o que você for doar ao outro, precisa antes ser presente em você. Só damos aquilo que temos, então construa e fortaleça emoções saudáveis dentro de você, para que elas também sejam criadas nas suas trocas com o outro. A questão da troca é a consciência de que tudo nessa vida se baseia em uma troca constante, doamos e recebemos o tempo todo, então cuide de suas fontes primárias para que tudo o que jorrar dela seja real.

Quando se cuida de alguém, você não se apossa dessa pessoa, você se encontra presente nessa caminhada ao lado dela, mas não a aprisiona em você. O cuidado é querer tanto o bem de outra vida que você permite que a liberdade esteja presente nessa relação, entendendo que o outro tem a sua escolha de permanecer no mesmo caminho que você ou pode escolher uma estrada nova a qualquer momento. Esse cuidado é o querer bem ao outro, permitindo que ele enxergue o mundo com seus próprios olhos e não forçando que veja através dos seus. O cuidado não se desfaz, ele é permanente enquanto você regá-lo e cresce à medida que você se permite ser quem é e dá espaço para que o outro também seja.

Caminhe com passos leves, construa suas relações com verdades baseadas na liberdade que é o amor, e esteja presente de forma carinhosa, se orientando a partir do ato de cuidar de tudo o que tem vida neste mundo.

O amor é habitar o outro com cuidado, qualquer coisa diferente disso se torna dominação.

O início de tudo

Grande parte de nossos traumas atuais estão ligados com o passado que nossa infância carrega. Se você fizer um teste e tentar se recordar de eventos da sua infância é provável que encontre algumas sementes de pequenos sentimentos reprimidos que hoje cresceram dentro de você e se expandiram.

Os traumas são eventos minúsculos que carregamos quando somos crianças, e durante essa época são apenas frustrações normais, mas se tornam feridas imensas mais na frente quando não são tratadas. Somos resultado daquilo que permitimos que crescesse em nós quando pequenos. Tudo de que você inconscientemente foge diariamente tem suas raízes na infância, e elas são muito fortes e profundas, porque já te acompanham há muito tempo e já cresceram o bastante para tomar conta de tudo aí dentro. Essas raízes são difíceis de serem cortadas, porque você já se acostumou a conviver com elas, então isso te exige um pouco mais de esforço e coragem no ato de encarar essas histórias traumáticas.

Você só terá o controle sobre essas feridas que te acompanham, quando se conectar com essa infância traumática e encarar a verdade. Quando esse encontro de você com a sua criança ferida acontecer, você encontrará a cura dentro de si mesmo. Essa cura envolve o autoperdão, e, mais do que isso, a limpeza profunda de todas as camadas de proteção que você criou para se proteger da vida desde a sua infância até hoje. De alguma forma estamos o tempo todo armados para evitar que fraquezas nossas sejam descobertas, e essa é a razão de permitirmos que raízes dolorosas continuem crescendo em nós. Por isso é tão importante não virar as costas para sentimentos que ignoramos por achar bobagem, porque esses pequenos sentimentos crescem à medida que você passa por experiências que de certa forma te fazem continuar alimentando essas dores.

Nós alimentamos essas raízes traumáticas o tempo todo, mesmo que inconscientemente. É importante ter cuidado com o que alimentamos emocionalmente em nós, porque podemos ser os mais responsáveis por nossas próprias doenças. É como se estivéssemos cutucando a todo instante nossas próprias feridas, provocando a dor, esse é o alimento favorito dos nossos traumas da vida.

Conecte-se com todas as suas partes destrutivas, conheça a origem dessas marcas e trabalhe o amor do autoperdão. Se livre de todas essas correntes mentais que você permitiu que continuasse lhe tirando o ar da vida durante tanto tempo. É hora de voltar a respirar, é hora de libertar a sua criança machucada.

Voltar às nossas raízes é o primeiro passo para recomeçar a história.

Somos a chave para todas as portas

Nossas feridas e carências podem estar abrindo a porta das nossas gaiolas abusivas. Precisamos ter a consciência de quando estamos nos amando de menos, porque a falta do amor íntimo pode nos colocar em grandes abismos e por não ter o amor por nós mesmos, aceitamos tudo o que nos apresentam como "amor". Quando aceitamos tratamentos maldosos e abusivos de outra pessoa, estamos nos jogando nesse abismo.

O abuso não acontece apenas entre parceiros, ou de homem com mulher, mas de qualquer relação, basta que uma alma esteja doente e a outra esteja fragilizada para que uma tenha domínio sobre a outra. Em muitos momentos, aceitamos inconscientemente um abuso, porque já desistimos de nós mesmos a muito tempo. O abuso é a posse sobre o outro, mas essa vítima precisa ter sido abandonada por si mesmo primeiro, para que ela caia na armadilha do abusador. Essa ideia de poder sobre o outro vem daquele falso amor que ainda carregamos como um troféu na vida. Esse amor não pode ser chamado assim, porque ele faz o contrário do verdadeiro amor. Precisamos sentir o sabor desse amor livre e puro para que possamos perceber o gosto amargo do que um dia chamamos de amor.

Venho te mostrar uma grande prisão emocional na qual caímos, por achar que estamos amando. A dominação não é a resposta do amor, porque ela mata a sua natureza. Nada que te diga que você não pode ser quem é pode ser chamado de amor. A vítima de um abuso, não percebe que está dentro de uma relação abusiva, porque ela deixou de enxergar a si mesmo antes de se permitir ser dominada, quando não conseguimos nos conectar com quem realmente somos, qualquer um pode nos dizer quem somos ou como devemos ser, porque já não sabemos dizer quem é real em nós.

Dentro de uma relação de abuso, tratamos de duas pessoas, enxergamos duas vítimas. A primeira é quem abusa, não podemos deixar de enxergar a dor que essa pessoa carrega. Para que alguém tenha a necessidade de dominação sobre outra pessoa, ela precisa estar perdida sobre si mesma. Provavelmente essa pessoa não tem controle algum sobre si e sobre sua vida, por isso, quando encontra alguém que esteja vulnerável, é uma boa isca para tentar mostrar controle sobre algo na vida. Todos nós temos um pouco dessa necessidade de controle, mas algumas pessoas deixam que esse desejo se torne doentio, quando começam a achar que a vida de outra pessoa pode ser controlada por suas rédeas. A outra pessoa da relação é o que todos já denominaram como vítima. Esta, como já foi dito, se permitiu estar distante de si mesma e, por alguma dor profunda, acabou abrindo mão da própria vida. Talvez seja mais fácil permitir que o outro nos diga tudo o que deve ser feito ou quem devemos ser, porque assim a responsabilidade deixa de ser nossa. É dessa forma que o nosso inconsciente trabalha quando permitimos que outra pessoa domine nossa vida.

Você pode estar em um abuso nesse momento, ou pode estar praticando o abuso. Nos dois casos, talvez você esteja ainda adormecido sobre a situação em que se encontra, mas pode despertar, e esse é o primeiro passo para sair dessa gaiola. O segundo passo é abrir as portas. Você não vê ainda, mas a gaiola está destrancada, não existe prisão nenhuma a não ser a que você criou em sua mente. Para abrir a porta você precisa perceber que ela só está escorada, esperando que você a empurre e volte para si mesmo.

Aqui estou me referindo a todos os tipos de relações abusivas que existem. O abuso pode estar entre pessoas que são do seu sangue, pode estar nas suas relações sociais entre amigos, ou ainda, nas relações amorosas. Você precisa voltar a se encarar no espelho, para voltar a enxergar sua própria imagem e assim, perceber tudo o que está sendo marcado em você, o quão distante está de si mesmo. A vítima do abuso quebrou todos os espelhos que dão reflexo a sua atual situação, porque não consegue encarar toda a invasão do outro no seu mundo, de forma tão violenta. Não se envolva nesse estado de culpa agora, você pode continuar fugindo da verdade por medo de encarar a culpa que inconscientemente você carrega. Cair em buracos profundos não necessariamente diz sobre uma responsabilidade sua, porque o buraco pode ser tão camuflado que caímos sem nem mesmo perceber. O abusador camufla esses buracos, te envolve em um encanto relacionado a um desejo inconsciente que você carrega.

Então não se culpe por ter se arriscado em um desejo puro. Depois que cuidar dessa culpa, você precisa voltar a se querer de volta. Só esse desejo de tomar as rédeas sobre a própria vida novamente, vai te fazer ter forças para encontrar a luz dentro desse buraco escuro. SE QUERER É A CURA. Não precisa mais virar as costas para todos os seus reflexos, enfrente-se e enxergue o que em você são marcas do controle do outro, busque de volta tudo o que arrancaram de você com tanta violência e ainda lhe disseram ser amor.

Assim como você, aquele que abusa está se negando. Talvez a sua doença seja não ter conhecido o verdadeiro amor na vida, tudo o que ele teve como amor pode ter sido apresentado para ele por meio da dominação e da violência. Este também precisa voltar para si mesmo, encontrar o que está morto ou perdido dentro dele mesmo. Voltar a encontrar valor na própria vida pode ser o primeiro passo para enxergar o valor na vida de cada ser humano.

Passe a reconstruir-se de dentro para fora, começando na sua relação com seu reflexo no espelho, para que depois venha ser transferido em suas relações de vida.

Aqui eu venho conversar com as duas vítimas, venho tocar duas feridas diferentes, mas que estão se alimentando juntas. A relação abusiva acontece porque uma ferida alimenta a outra. Os dois parceiros se fortalecem sem nem mesmo perceber. Aquele que abusa alimenta o não amor-próprio daquele que está sendo abusado, enquanto este alimenta a ambição de domínio do outro. Os dois estão aprisionados um no outro, como se estivessem fortalecendo as cordas que os mantêm juntos. Cada vez em que um alimenta a ferida do outro, essa corda vai se tornando mais forte. Até um momento em que as vítimas deixam de pensar em suas vidas sem esse "companheiro". Essa etapa da relação pode ser vista como um parasita dentro do outro, os dois estão se adoecendo juntos. É como se o buraco tivesse sido feito pelo abusador, mas ele divide esse buraco com a vítima, e os dois juntos continuam a cavar cada vez mais. A vítima não vê mais a luz da vida, porque já não enxerga nada ao seu redor. O abusador já está acostumado com a escuridão.

Os dois precisam voltar a ter a necessidade de suas liberdades para que tenham o desejo de voltar a ver a luz e deixarem de cavar essa escuridão. O nó cego que fizeram, só pode ser desfeito por eles, porque as cordas se referem ao estado mental de cada um. Cada nó precisa ser desfeito quando quebramos essa necessidade psicológica de um sobre o outro, é isso que o nó representa, a liberdade dos dois sendo contida. Por isso, ter a si mesmo é o necessário para não cair em nenhuma armadilha de dominação. Voltar a se amar te ensina o verdadeiro amor.

O amor cura toda a dor, mas nenhuma dor é amor.

Nem sempre precisa ter sentido

Dê significado a sua vida, encontre o que tem de real em você e deixe que o real transborde. É normal que às vezes, com o tempo, a gente escolha o superficial em vários aspectos, nossas relações podem ser muito superficiais, nosso dia a dia pode ser superficial, nossa vida passa a ser um caminho fantasiado, mas, no fundo, sabemos que as estradas estão esburacadas. Por isso, gosto de fazer um exercício que talvez passe a ter significado para você também.

Busque realizar suas tarefas encontrando o valor de cada coisa, em todos os detalhes. Ao acordar, tente não se prender tanto ao tempo, busque apenas acordar. Quando você despertar, movimente cada parte do seu corpo, se encontre e se conecte com seu corpo que acaba de despertar para um novo dia, busque ter um momento especial com si mesmo, onde você possa apreciar a sua própria companhia, acompanhada de um carinho pessoal. Depois disso, você pode tomar um banho e mais do que estar debaixo do chuveiro, você pode estar em um momento de relaxamento pessoal, esse é um dos momentos mais íntimos que temos com nós mesmos, permita que seus pensamentos sejam levados com qualquer angústia por essas águas, esvazie um pouco seu coração e limpe a alma à medida que você se conecta com a própria existência.

É importante e essencial ter momentos íntimos com si mesmo. Encontre a sua intimidade nos seus afazeres comuns do dia a dia, para que assim, a sua companhia seja única na realização das suas tarefas. Busque encontrar um instante para se ouvir, deixar que tudo o que você esconde e reprime em seus pensamentos, sejam libertos, permita que eles estejam presentes, porque quando tentamos aprisionar nossos impulsos emocionais, eles acabam vindo com mais intensidade e pode acabar machucando ainda mais. Então tire um tempo para ser livre de sua própria repressão. Liberte o que te assusta, o que te fere, sem precisar entender nada, apenas ouça seus pensamentos, como se ouve uma música nova, da qual você desconhece a letra e a melodia, ela apenas se apresenta para você. Encontrar valor na vida, não é sobre fazer de tudo para ter uma vida perfeita, mas fazer da sua vida, um complemento de momentos especiais para você, mesmo que esses momentos envolvam algumas imperfeições que fazem parte do processo de purificação de si mesmo.

    Depois que você voltar a se relacionar com si mesmo, todo o resto começa a ser mais fácil de lidar. Começamos a encontrar momentos especiais em tudo, até mesmo na dor. Tudo o que a dor nos causa é um grande reencontro pessoal com nosso lado real. A dor nos faz ter o desejo de permitir que o nosso lado real comece a agir em nós. A dor ensina o caminho de volta para você, porque ela vem derrubando todas as muralhas e todas as sujeiras que nos atrapalhavam a enxergar o nosso caminho. Ver o sentido de tudo o que nos acontece traz tranquilidade ao coração, porque podemos ver o todo da vida.

    Seus dias podem ser mais leves se permitir que o coração te guie, o caminho do coração nos ensina que as coisas não são tão duras como enxergamos, tudo o que precisamos é desvendar os olhos de nossas fantasias e nossos desejos, muitas vezes, as coisas não são como construímos em nossa mente, mas isso não significa que elas não tenham seu valor único, porque cada detalhe desse mundo, carrega seu valor, o real é o caminho do coração.

Seja um pouco de tudo, mas que tudo seja real.

A caverna te limita

Nossas relações são nossos espelhos, e às vezes refletimos aquilo que desejamos, mas nem sempre o que desejamos é a verdade. Sempre que estiver se relacionando com alguém se pergunte quem em você está buscando essa relação e a razão. Se a resposta estiver sendo alimentada por alguma carência, você não está se relacionando com outra pessoa, mas com as suas próprias faltas. Estar com alguém não pode ser uma busca por um complemento que falta no seu mundo, para se relacionar com o outro, o seu mundo precisa estar completo e ser capaz de sobreviver sozinho, caso contrário não estamos amando o outro, mas tentando aprender a **nos amar através do outro**.

Por essa razão, as relações se tornaram tão superficiais, não estamos buscando conhecer o universo do outro e compartilhar a vida juntos, estamos correndo para alimentar nossas faltas, na esperança de que o outro nos dê aquilo que não temos e que nos ensine a gostar de nós mesmos. Quando aprender a existir sozinho, o outro não será mais uma necessidade, mas sim uma escolha do coração. Quando nos enxergamos como alguém faltante, vivemos em busca de nossas peças, achando que o mundo irá nos presentear com esses encaixes, mas com o tempo vamos percebendo que nada partiu de dentro de nós, só estão acumulados em nossas bagunças, mas a verdade é que **temos a nossas peças e nossos encaixes**.

Às vezes nos prendemos em uma caverna pequena e nem sequer percebemos, mas aos poucos o espaço vai sendo insuficiente, vai se tornando sufocante. Dentro dessa caverna estamos nos privando do universo de oportunidades que existe por trás da porta, mas no fundo nossa alma sente a necessidade de enxergar a luz e sentir o ar diferenciado do mundo além desse espaço pequeno. Algumas relações nos colocam na caverna, o nosso mundo passa a ser apenas essas mesmas paredes e tudo o que tem do outro lado parece ser intocável. Abrir essa porta pode te trazer uma vida que talvez nunca tenha conhecido antes.

Arrisque-se a sair da caverna, não escreva a sua vida toda em apenas uma página em branco, quando tem um livro todo para preencher, deixe que suas relações complementem a sua história, mas não construa todo o livro em cima delas, porque você pode acabar percebendo que talvez a história comece a dizer mais sobre você por meio do outro e não da sua verdade. Se ver com os olhos do outro te impede de mergulhar na sua infinitude.

Sair dessa caverna significa passar a construir a própria vida, caminhar com os seus pés e se enxergar com os próprios olhos, nossa relação pessoal precisa ser única e precisa existir.

Quando estamos sempre dependentes da companhia do outro para se sentir completo e feliz, significa que a nossa relação pessoal está em crise. Talvez você já tenha deixado de se curtir a muito tempo e para sentir algo bom em relação a si mesmo, precisa que o outro te diga o que tem de valor em você. Está na hora de fazer as pazes com si mesmo.

Somos visita no outro

Em muitos momentos podemos perceber o nosso desejo de controlar o mundo mais uma vez em ação dentro de nossas relações. Quantas vezes nos sentimos no direito de ler o outro com a nossa interpretação e generalizamos isso, como se a nossa leitura sobre essa pessoa fosse a verdade sobre ela? É muito comum ver dentro das relações uma eterna dominância sobre o mundo do outro, um desejo de transformar o outro para que ele caiba no nosso mundo e em nossas verdades.

Com as relações e a intimidade, desejamos que o outro seja aquilo que condiz com nossos gostos e vontades, mas esse outro é o que é e, assim como você, nem sempre terá o melhor a oferecer, porque talvez ele não esteja em condições de ser bom nem para si mesmo, e será difícil exigir que ele dê o melhor de si para você. O nosso grande problema é que temos uma visão limitada, enxergamos apenas aquilo que diz respeito ao nosso mundo, mas esquecemos que o mundo do outro vai além dos nossos muros e nem tudo está sobre controle o tempo todo do outro lado desse muro.

O amor não pode existir em um coração egoísta. Olhar para o mundo do outro nos faz enxergar a vida dessa pessoa como um todo, entendendo que talvez nem sempre o problema esteja tão evidente assim, somos bons em esconder nossas feridas até mesmo daquelas pessoas que mais amamos. Ver o todo desse sujeito lhe dá a liberdade de ser o que ele é no momento, sem ter o peso de se encaixar aos seus desejos, porque pressionar o que já está esgotado pode causar uma destruição ainda maior nessa pessoa.

Cuidado ao caminhar em terras feridas, cada passo em falso pode ser mais uma ferida exposta. Todos nós temos nossas terras marcadas de várias formas e ser pressionado para negar um sentimento que está transbordando pode fazer as coisas ficarem mais doídas do que já estão. Então não exija que o outro ignore as suas próprias dores para acariciar as suas, ame e aceite quem ele é nesse instante, porque por mais que os seus mundos estejam se conectando agora, cada um existe além do outro e precisa continuar existindo.

A ideia de querer modificar o outro nos faz acreditar que as pessoas precisam ser diferentes de quem são para serem corretas para nós. Mas nós não temos que ser outra pessoa para alcançar o mundo do outro, podemos amar o nosso mundo por ser como é e ainda assim, estar como visita no outro. A vida nos pede mudança e nós mesmos pedimos também. Mas essa mudança não é sobre cortar suas raízes para plantar a raiz de outra árvore, essa mudança acontece em sua própria raiz, em seu amadurecimento. A mudança que precisamos é o despertar de nosso verdadeiro EU. Nossa iluminação acontece quando a nossa rosa desabrocha para o mundo depois de tanto tempo sendo reprimida. Mas essa rosa se fortalece a partir de sua raiz natural.

O equilíbrio precisa estar em tudo, incluindo em nosso crescimento. Nascemos com as habilidades para esse florescer, mas aprendemos a reprimir tanto a nossa natureza que passamos a vida nos perdendo em outros jardins, por negar a beleza do nosso próprio.

Tenha cuidado ao marcar outras vidas, os efeitos colaterais sempre sobram para quem fica.

Estar sozinho não é solidão

Estamos sozinhos em muitos momentos da vida. Precisamos do nosso cantinho pessoal, onde guardamos aquilo que pertence apenas a nós mesmos. Nós somos sozinhos, mas não estamos sozinhos. Existe uma diferença significativa nesse ponto. Você divide a sua vida com as pessoas que mais se conectam com a sua energia, aquelas que você mais se simpatiza e passa a amá-las. Nós precisamos nos relacionar e nos conectar uns com os outros. Mas existem dois lados do seu mundo, um que diz sobre a sua vida social, onde você constrói suas histórias dentro do mundo do outro, onde deixamos nossas marcas na existência daquele que também está passando pela mesma estrada que nós, que eu chamo de MUNDO DAS RELAÇÕES.

Mas existe também o outro lado do seu mundo, o que eu gosto de chamar de MUNDO ÍNTIMO. Esse mundo ainda não pode ser chamado de solidão, porque isso significaria a inexistência de tudo e nós não carregamos inexistências, carregamos a vida de suas formas variadas. A vida nesse mundo é a sua história com si mesmo, são as suas páginas íntimas, suas reflexões sobre a vida. Nesse mundo existe você e o seu todo, todas as bagagens que dizem respeito ao seu universo estão com você nesse mundo. É nele que acontece a conexão de cada energia que nos compõem, dando forma ao que você é. Esse mundo é o seu cantinho particular, ninguém entra nele sem a sua permissão e normalmente não permitimos que o conheçam a fundo, porque ele é a nossa intimidade, ele é todo nosso.

Diferentemente do que imaginam, estar nesse mundo não significa solidão. Muito pelo contrário, nele não existe solidão, porque você está presente em cada canto de si mesmo. A solidão acontece quando estamos no primeiro mundo, onde construímos nossas relações, mas o nosso mundo íntimo está desestruturado e ferido. A solidão não vem da não presença de pessoas, mas da ausência de nós mesmos na vida. Significa que o mundo íntimo dessa pessoa está abandonado há muito tempo, ela mesma já se deixou para trás e não consegue mais sentir as conexões da vida, porque a sua própria conexão com si mesmo está prejudicada.

Estar sozinho faz parte de nossa caminhada e até mesmo a solidão. Tudo em equilíbrio é natural, mas quando essa solidão começa a ameaçar nossas estruturas, significa que ela está te tirando cada vez mais de si mesmo, ela está te afastando do seu mundo íntimo e levando junto o seu desejo de vida. A solidão que machuca vem com a intenção de te trazer algum alerta, dizendo que suas raízes estão adoecidas e pode acabar adoecendo todo o resto. Ouça a solidão, não a veja como sua inimiga, mas como um alerta a sua vida.

Você precisa cuidar do que é interno primeiro, não pode abandonar essa conexão sua com a vida. O segundo mundo (ÍNTIMO) move o primeiro e todo o resto. Tudo começa dentro, até que esteja tão cheio que passe a transbordar no externo. A vida não acontece apenas fora de você, ela nasce dentro e se expressa do lado de fora. Quando estamos sem vida por dentro, não existe vida nenhuma em nenhum de seus mundos.

Mais do que estar com você, esteja em você.
É preciso estar por inteiro.

A carta de uma amiga

Se afogar em si mesmo é uma das sensações mais amedrontadoras que existe.

O dia está ensolarado lá fora, as flores estão desabrochando, mas você não consegue enxergar, para você é um dia comum, nenhuma transformação é notada aos teus olhos, isso porque em você o dia sequer amanheceu. Tudo parece escuro quando não se encontra a própria luz.

São dias assim que te desafiam a vencer a si mesmo. Em muitos momentos, precisamos lutar contra nós mesmos, porque, caso você não lute, tudo o que construiu para que resistisse às tempestades aí dentro vai acabar desmoronando em questão de segundos. Como um sopro de vento tudo vai ao chão, tudo se destrói sem nenhum aviso prévio. É assim muitas vezes na vida.

Isso não necessariamente significa que você fracassou, você realmente se esforçou para resistir. Mas o problema está na maneira como você deseja que a tempestade aconteça. Você deseja construir um muro tão forte e alto capaz de te proteger de qualquer tempestade, que não te tire do seu equilíbrio emocional, do seu conforto. Mas não será assim, porque a tempestade não pode ser controlada, ela não desvia de obstáculos, ela simplesmente se despeja em tudo e em todos, sem pedir permissão alguma. A sua tarefa não é fugir, mas diminuir o impacto da destruição. Isso só é possível buscando resistência em si mesmo e não construindo resistências externas. A tempestade vai chegar, ela sempre chega. Porém existem milhares de formas de passar por ela. Você pode tentar se esconder e isso será inútil porque não se esconde do inevitável. Ou pode se banhar nessas águas, permitindo que ela carregue tudo o que desejar carregar, acreditando que tudo o que for permanente e real em você estará sempre firme contigo, e não há forças externas suficientes que te arranquem de suas raízes profundas.

Toda fuga é resultado de alguma decepção

Nós somos casa, habitamos primeiramente dentro de nós mesmos, para depois habitar no mundo. Nosso primeiro lar é a nossa consciência. Às vezes, passar muito tempo com alguém pode trazer alguns desconfortos, alguns desgostos que são normais. Você já deve ter tido a experiência de passar muitos dias com uma pessoa que se dava super bem, mas depois que passou a dividir a intimidade a fundo notou alguns desentendimentos, isso é porque mergulhar no outro não costuma ser tranquilo nem mesmo para a própria pessoa, quem dirá para as visitas. O mesmo acontece com a gente.

Em alguns momentos, temos aquele desejo de nos afastar um pouco de nós mesmos, como certo desconforto com a própria companhia, como se quisesse fugir de casa por alguns instantes e sentir outros lares. É normal que esse sentimento apareça de vez em quando, mas quando nos sentimos como fugitivos constantes de nós mesmos, significa que talvez não seja apenas um momento, pode ser um desgosto com o rumo da sua própria caminhada, nesse caso é importante analisar o que tem te incomodado tanto a ponto de te fazer correr de si mesmo. Procure avaliar as escolhas que tem tomado ou a falta delas, porque você pode estar agindo de forma contrária ao que realmente aceita e acredita ou pode estar se privando de viver a vida que deseja.

Mas quando esse desgosto é coisa de momento, percebemos que fugir de nós mesmos é uma missão impossível. É como tentar afastar a raiz da árvore, uma necessita da outra para existir, uma fortalece a outra. Quando esse desejo estiver muito forte, eu aconselho que faça o contrário do que está sentindo. Em vez de se afastar do que é inevitável, busque se aproximar um pouco mais. Esse incômodo pode passar à medida que você começa a olhar para si mesmo com mais carinho. Quando desejamos nos afastar de alguém, é sinal de que algo nessa pessoa não é aceito por nós ou traz algum incômodo, esse desconforto só pode ser curado com a admiração.

As pessoas que mais nos cativam são aquelas com a qual temos alguma admiração, essa admiração leva ao amor. Passe a admirar mais você mesmo, busque ter paciência com suas falhas e deixará de fugir tanto. Se você não consegue sentir admiração por si mesmo, está na hora de buscar razões para se admirar, porque quando o coração não consegue sentir apreço por si mesmo, talvez ele esteja seguindo um caminho que não condiz com a sua linguagem.

O silêncio pode ser um remédio eficaz nesses dias de fuga. Busque acalmar as confusões aí dentro, encontre o silêncio dentro de você. Arrume um pouco essa bagunça, quando a casa acumula muita bagunça, não tem espaço para as visitas e nem para você. Chega um momento em que todo esse pouco caso com si mesmo acaba incomodando. Você está pedindo mais, seu coração está tentando dizer que as coisas não estão como deveriam estar. Escute-se e faça o melhor para sair desse comodismo.

Nossa casa precisa ser o melhor lugar do mundo, mas aqui venho me referir ao nosso primeiro lar, nossa consciência. Quando o lar vira bagunça, a vida deixa de ser um presente, porque viver em desarmonia com si mesmo é o mesmo que não viver, mesmo respirando. Se desculpe por passar tanto tempo se privando de ser mais, por medo de não ser o bastante, quando na verdade tudo o que precisava para desabrochar era permitir que esse mais acontecesse.

Cuide com mais amor da sua mente e coração, faça deles o seu verdadeiro templo nessa vida.

Um mundo de juízes

Viver é um encontro e desencontro constante com a nossa luz e escuridão. Cada um sabe o peso da própria bagagem, cada um sabe dos seus desafios, cada um sabe das próprias escolhas e das dores das próprias despedidas. Só você conhece a fundo o que acontece na sua vida, ninguém melhor do que o próprio autor para falar da sua obra. Tudo acontece aí dentro, ninguém tem acesso livre para dentro de você, isso significa que tudo o que se movimenta dentro de você, só pode ser julgado por quem realmente conhece, você mesmo.

Mas nos acostumamos com o errado. As pessoas desaprenderam a estarem dentro do próprio mundo e da própria história, passamos a invadir o outro, totalmente armados, como se não estivéssemos lidando com seres humanos, estamos sempre buscando erros e estragos para serem apontados no outro e a pergunta é: com que propósito? Nos desgastamos, preocupados em sempre estar na janela, ligados nos erros que o outro comete, como se o outro nos devesse alguma conduta coerente, como se fôssemos os donos da verdade, fazendo do outro alguém incapaz de escrever a própria história. Algo que é tão particular de cada um, mas invadimos como vândalos, marcando um patrimônio que não é nosso e fazendo uma leitura de uma obra que nem sequer conhecemos a fundo.

Viver, hoje em dia, virou um constante hábito de caminhar no escuro, com medo de ser julgado a qualquer momento por algum passo em falso. Julgar demais a si mesmo já é muito cruel, mas julgar o outro é desumano. Porque quando nos colocamos em um degrau superior ao resto do mundo, estamos esquecendo os nossos andares abaixo. Esquecemos que não somos donos de nada, não temos todas as verdades. Estamos todos na mesma escada, alguns mais acima e outros mais abaixo, mas todos passam ou já passaram pelos mesmos degraus, isso significa que o erro que você condena hoje, ontem te fez cair.

Cuidado com os lugares que se coloca. Cuidado para não passar a vida julgando o caminho do outro e se esquecer de construir o próprio caminho. Você pode estar aí na janela, observando e apontando cada passo em falso do outro, mas se esquece de olhar para dentro da sua própria casa, para dentro de você. Quando vivemos a vida do outro, deixamos a nossa para trás, mas em algum momento você terá que tomar as rédeas do seu próprio caminho, e, quando isso acontecer, espero que consiga lidar com o seu abandono com mais amor.

Quando aprendemos com os nossos deslizes, passamos a entender os deslizes do outro, ou melhor, paramos de ser juízes do mundo e passamos a entender que viver em comunhão é melhor do que viver ferindo o que já está sangrando no outro. Deixe que o outro construa a própria caminhada, ele é a melhor pessoa para saber dos próprios passos, faça a sua história sem ter a necessidade de dominância sobre o outro e o que diz respeito a ele. Ocupe-se em dar o seu melhor onde estiver agora, sabendo que cada um faz aquilo que pode, cada um doa aquilo que tem em si, cada um se esforça da sua maneira para ser melhor todos os dias.

Desculpe a invasão, hoje sei que nossos mundos são semelhantes. Julgar saber sobre você, mostra que ainda sei pouco sobre mim.

Reprimindo nossas sombras

Aquilo que nos feriu de forma profunda e que não conseguimos nos despedir, se torna feridas acumuladas em nosso inconsciente. É como se tivéssemos uma poeira que de início nem é notada, mas aos poucos, vamos acumulando mais sujeira junta a essa poeira, até que se torna uma sujeira enorme. Internamente, negamos essa sujeira, negamos carregar coisas tão impuras e dolorosas e isso é reprimido em nós. Pegamos toda essa sujeira que não sabemos lidar e guardamos em um cômodo bem escondido, colocamos coisas nesse cômodo para que ele pareça um lugar agradável. Mas essa sujeira está ali no canto, e inconscientemente ela continua a machucar e principalmente a interferir em nossas vidas.

Fazemos isso o tempo todo, quase que de forma automática. E a sujeira se torna imensa, porque reprimimos tudo o que elas carregam, temos medo dessas lembranças, são partes em nós que negamos não só para os outros, mas para nós mesmos. É uma escuridão que carrega muito de nós e se tornaram nosso ponto fraco. Sempre que alguma situação na vida nos faz recordar desses sentimentos ou experiências reprimidas, acionamos nossas defesas na tentativa de impedir que qualquer um mexa em nosso cômodo isolado e acabe descobrindo nossas sujeiras, nossas marcas.

Acredite, você não é o único. Temos tantos desses cômodos escondidos, que até permitimos que eles dominem toda a nossa casa, poluindo o que está limpo. Não somos ruins por isso, mas somos seres que ainda não aprenderam a lidar com seus monstros, não nos sentimos fortes o suficiente para enfrentá-los. Quando reprimimos alguma parte de nossas fraquezas, estamos cuidando para que elas nunca partam de nós, estamos acolhendo elas em nosso inconsciente, separando uma parte de nossa vida para que elas controlem. Reprimir é a nossa fuga com a vida. Sempre que as coisas saem do nosso controle, sempre que a vida nos faz sangrar, lidamos com a repressão para que a dor vá embora por um instante. E pode até ir por algum tempo, mas ela volta, porque você está permitindo que ela permaneça em você. Só reprimimos aquilo que não vencemos, aquilo que de certa forma nos dominou, é como uma forma de mostrarmos para a dor que estamos no controle, seguramos essas feridas junto à nós, como uma tentativa de mostrar que temos o controle sobre elas, imaginando que elas só estão machucando porque, de certa forma, nós permitimos isso. Mas não precisamos provar nada, não precisamos segurar o que nos fere, ou o que nos marca de alguma forma, porque isso é escolher se poluir. Não escolha ter o controle de tudo, ou tentar ser mais forte do que o mundo, porque ele vai te derrubar muitas vezes e você não precisa ter vergonha de estar no chão. Tudo bem, porque precisamos cair, nossa iluminação só acontece por meio dessa humildade de se curvar diante da vida em alguns momentos. Aceitando que não somos tão invencíveis o tempo todo e nem precisamos ser.

Chegou o momento de se despedir de todas as dores que você carregou por tanto tempo.

O seu presente não merece ser ferido pelo seu passado.

O que o silêncio tem a dizer

Percebi em uma noite silenciosa dentro de mim, que nossas fases são o reflexo da vida em nós. Em alguns momentos, nossos dias são mais lentos, tudo é mais passageiro, nosso coração nunca sentiu tanta serenidade, nossos corpos nunca estiveram tão presentes e nossa mente, apesar de continuar barulhenta, nunca sentiu tanta liberdade para viajar livremente. Esses momentos costumam ser os mais quietos, tão quietos e silenciosos, que até incomoda um pouco quando nos deparamos com a falta da agitação de sempre. Mas, sabe, isso também é vida. Eu diria que é a vida na sua forma mais especial, porque quando tudo silencia, quando tudo para, nós podemos ouvir a batida do coração, podemos sentir o ar entrando e saindo em nós e como isso é maravilhoso, como algo invisível tem toda a nossa vida em mãos. Nesses instantes, podemos nos ouvir por inteiro, conseguimos perceber a vida se expressando por meio do nosso corpo e como cada cantinho de nós tem algo especial para falar. É lindo ver como crescemos dentro desses silêncios.

Nesses dias, a rotina não tem tanto valor, porque não temos toda aquela disposição para correr, preferimos um caminho mais tranquilo. O sol fica tão mais intenso, que, por um instante, podemos sentir a sua energia se misturar com a nossa. E as dores? Ah, nossas dores... sempre guardando nossas partes mais barulhentas, nossas dores carregam nossas crianças adormecidas. E reencontrar essa criança é como se conseguíssemos enxergar de novo nossos olhos puros, nosso sorriso despreocupado, nosso caminhar lento e nossas gargalhadas involuntárias. Guardamos nossa criança tão fundo, que só parando o mundo para conseguirmos voltar a nos conectar com ela de novo. Já parou para pensar em como ela estaria te assistindo agora? Como é para ela te ver viver? Espero estar dando orgulho a minha criança e você?

Eu sempre gostei da agitação da vida, dos momentos apaixonantes, dos amores intensos. Tudo isso, nos faz sentir a vida de forma profunda, mas, sabe, a calmaria sempre foi o meu estado de ser preferido. Acho que aprendemos a conviver com nossa verdade, nos conhecemos de maneira transparente e se não somos capazes de conviver com nossos silêncios, quem somos nós nos momentos de agitação? Nada, não somos nada. Porque se não somos capazes de conhecer nosso vazio, não teremos capacidade de descobrir nossas partes preenchidas. Somos tanto e é exatamente no nosso nada, que despertamos nossas virtudes. A cada momento em que sua alma te levar de volta para os cantos silenciosos do seu mundo, agradeça a oportunidade de estar em um dos estados mais íntimos da sua relação com si mesmo e desperte.

No silêncio conseguimos ouvir a vida de todas as suas formas dentro de nós.

Me estendendo a mão

Em muitos momentos de nossa existência, marcamos nosso caminho com traços dolorosos, que são frutos de um instinto ligado ao orgulho e a vaidade. Todos nós carregamos em nossa consciência traços sombrios e ainda muito enraizados. Com isso, passamos a reagir em algumas situações por meio da violência.

Violamos a nós mesmos, quando nos aprisionamos a uma existência limitada, violamos o outro, quando tentamos encaixar ele em nossas vontades, em nossos caprichos, mas principalmente violamos a vida, quando deixamos de enxergar o seu significado real, manchando nossa história com marcas que aprisionam a sua existência em uma versão pequena, da sua infinidade de ser.

Temos atitudes violentas refletidas em nossa forma de nos relacionarmos com o outro, quando desejamos que ele seja um ser prisioneiro a nossa existência e também, nos tornamos violentos a nós mesmos, quando deixamos de lado o nosso papel de cuidador que temos com relação as nossas feridas. Esse papel é significante, porque precisamos encontrar uma segurança psicológica em nós mesmos nos momentos difíceis, caso contrário, a dor vence e você se entrega para essa escuridão. Isso é o que acontece quando nos deparamos com situações em que a pessoa não consegue sentir forças em si mesmo para se reerguer de momentos conflituosos, mesmo que essa pessoa se esforce para sair desse buraco, ela não entende o que ainda a puxa para essa escuridão. Isso é porque em algum momento, deixamos o nosso cuidador adormecer, esse cuidador, é a nossa voz interior, nossa força psicológica que não nos permite desistir, aquela vontade de continuar em frente, mesmo quando tudo desmorona, é como uma esperança que temos quando tudo ao nosso redor está sombrio e temos um feixe de luz dentro de nós que deseja sair e nos curar.

Quando perdemos essa força, essa atitude de cuidador com nossas próprias mágoas, perdemos o sentido de nossa existência e com isso, perdemos a nós mesmos. Precisamos dessa relação de amor com nossas violências internas, porque só por meio do amor é que essas atitudes sombrias que tomamos em nossa vida serão transformadas em uma existência mais significativa. Porque a violência se dá quando perdemos as rédeas do que nos mantinha seguros, ela vem do adormecimento de nossa esperança na vida. Quando perdemos a esperança, deixamos que a luz se apague e quando a luz se apaga, o nosso lado machucado se alimenta da violência como uma forma de se proteger. A violência a que me refiro aqui é tudo o que exclui a vida em nós, tudo o que viola a nossa existência, ou que mancha as outras existências.

É preciso conhecer essas forças internas, que funcionam como uma mão que nos segura em quedas profundas, para que essas forças venham agir em nossos momentos de conflito.

Somos potentes e uma das grandes potências que carregamos é a capacidade de se quebrar e se reconstruir infinitamente. Porque, no fundo, somos nós quem mais torcemos para nossa própria realização de vida. Torcemos por uma vida mais feliz, torcemos por tudo o que desejamos intimamente, mas não basta apenas desejar, é preciso encontrar essas fontes realizadoras durante o caminho, sabendo que essa estrada é composta por dor, por desconstruções de nós mesmos e principalmente pela vontade que transforma. Se perca em todos os caminhos, mas nessa viagem busque florescer suas potencialidades.

A minha existência se conecta com a sua

Calamos nossas vozes e acumulamos grandes espinhos internos. Temos o hábito de nos calarmos de muitas formas, principalmente quando achamos que nossas vozes não precisam ser ouvidas porque só falam bobagem. Mas deixe-as falar, deixe que tudo se expresse de dentro para fora, porque, caso contrário, passamos a acumular nossos ventos e eles se tornam furacões fortes e destrutivos quando decidem escapar de nossas prisões.

Deixe suas vozes falarem, deixe que seu corpo se expresse, deixe que seus olhos se comuniquem com o mundo. Tudo é tão lindo quando você aceita que seja como é. carregamos muitos desejos, carregamos principalmente a necessidade de se conectar com o mundo e com outras vidas e essa conexão é o que mantém a vida dentro de nós. É quando a nossa vida conversa com a vida que existe fora de nós.

Ficamos doentes quando aprisionamos a expressão em nós, porque a vida é ESTAR E SER, quando nos calamos para o mundo, deixamos de estar inteiramente no mundo, deixamos de ser vida.

Quando quiser gritar, grite, quando quiser dançar, dance, quando quiser marcar a vida com a sua presença, marque, sem pensar duas vezes. Porque a vida só se colore com a nossa presença de espírito, os seus caminhos existem para que seus pés caminhem, o sol existe para que você se aqueça, o ar existe para que você exista. Tudo isso continuaria existindo sem você, claro. Mas não teria a mesma finalidade ou a mesma grandeza sem que a sua existência se conectasse com todos esses elementos que a vida carrega. Não podemos fugir de nossa morte física, mas não podemos permitir que ela também aconteça em nossa alma, porque aí já não temos mais nada.

Encontre a vida de todas as suas formas, e conecte-se com essas vidas, para que seu propósito do coração seja atingido. Começa em você, em mim, em todos nós. A nossa missão é não deixar o amor ser apagado e só conseguimos fazer isso, permitindo que esse amor se mostre por meio das conexões que fazemos durante o caminho. O amor se dá entre essas conexões, ou melhor, eu diria que o amor é essa conexão.

A vida em mim reverencia a vida em você. Porque a vida acontece em nós ao mesmo tempo.

Sensibilidade

Existem dois grupos de pessoas, uns que são mais resistentes à vida e que se abalam na medida certa e outros que são sensitivos de todos os lados, como se existisse um turbilhão de energias diferentes dentro de si, sempre em movimento. Hoje eu vim falar um pouco sobre essas pessoas mais sensíveis. Eu acho muito corajoso se entregar à vida de forma tão completa assim, porque essas pessoas não deixam nada passar despercebido, é como se cada detalhe fosse tão importante como o todo. Viver para elas é navegar sempre em marés intensas.

    Pessoas sensíveis sentem a vida de forma profunda. A sua sensibilidade existe em tudo, desde a dor até a alegria, tudo a toca por inteiro. Essas pessoas costumam se apegar muito a todas as suas emoções, elas mergulham nessas emoções de forma muito intensa a ponto de permanecer lá por algum tempo. Mas ser sensível não é uma fraqueza, pessoas sensitivas não são menos resistentes, muito pelo contrário, elas podem ser bem firmes em situações muito conflituosas, a diferença é que para elas a vida é sempre sentida, a vida não passa despercebida, assim como as próprias emoções.

    Suas emoções são intensas, sempre vem como uma onda forte deixando seus rastros por onde passa e essa pessoa não consegue apenas observar essas ondas sem se molhar por completo. Nada deixa de ser tocado por uma pessoa sensitiva, nada deixa de ser sentido. Eu sei que nem sempre é tão lindo assim, sei que pessoas sensíveis se entregam tanto que muitas vezes não conseguem achar o caminho de volta, elas se jogam e em alguns momentos a queda é imensamente violenta. É difícil depois disso catar todos os pedacinhos e colar de volta, após ter experimentado tanta dor. O sofrimento é o caminho mais difícil para essas pessoas que sentem os detalhes, porque a dor não vem como uma tempestade rápida que logo passa, ela vem em doses pequenas e longas, a nossa sensibilidade sente cada vírgula, cada ponto final, cada espinho, sentimos tudo.

Você que tem uma parcela dessa sensibilidade em si, quero te dizer que mesmo prolongando muitos caminhos que, no fundo, escolhemos que fossem curtos, a nossa sensibilidade é a nossa maneira de viver todos os caminhos a fundo. Sentir é lindo, até mesmo quando se trata da dor, porque assim como somos capazes de permitir que a dor se apresente a nós de forma completa, também aprendemos com mais imensidão. Viver a experiência completa nos dá a visão da aprendizagem também por completo. E sempre saímos dessas estradas mais fortes, mas nunca menos sensíveis, porque a sensibilidade é a nossa maneira de se apresentar ao mundo e de acolher o que ele tem a nos oferecer.

Ame a sua sensibilidade. Eu acho que a vida precisa ser lida pelas entrelinhas e você sabe bem como isso funciona. Seu olhar sobre o mundo e sobre o outro vai sempre um pouco além do que os olhos são capazes de ver. A paixão pelos detalhes é o que te move a viver, mesmo depois de grandes quedas, porque no fundo a sua maneira única de estar na vida é o que dá sentido a tudo. Ser sensível é ser tocado a fundo, é transparecer as nossas raízes e permitir que nos leiam por completo. É conseguir ser sentido e sentir a vida, em todos os nossos detalhes.

Sensibilidade é encontrar o amor em todos os detalhes. É dar vida ao mundo, mesmo na escuridão.

Emoções feridas

Amor e ódio, dois extremos opostos com forças semelhantes atuando dentro de nós. O amor é uma força propulsora de vida, é o que desperta o desejo do prazer pela vida e aciona todas as energias em nosso corpo, nos dá mais alegria de viver, nos desperta para o agora. O ódio, normalmente, vem da falta do amor, ele não brota de repente, mas é um estado de adoecimento do coração e da mente, quando os dois se desconectam do amor e do prazer pela vida, buscando uma fuga e ao mesmo tempo um imenso grito de desespero.

Tudo acontece em nossa mente, nossa consciência, quando está desperta, se move pelo amor, mas quando, por alguma decepção, se machuca, ela adormece no ódio. Esses dois estados emocionais são fortes, intensos, capazes de tomar o controle de todos os nossos impulsos, porque de certa forma damos poder ao amor ou ao ódio sobre nossa vida. Claro que o amor é parte de nossa natureza, por isso quando amamos somos a nossa melhor versão, enquanto o ódio é o amor ferido, então despertamos a nossa versão mais dolorosa.

Somos humanos, temos extremos opostos em nós o tempo todo, é normal e saudável que as emoções fluem constantemente dentro de nós, mas precisamos sempre encontrar um equilíbrio, principalmente quando o que sentimos machuca e começa a ter domínio sobre nossa vida. O que não sabemos é que nós alimentamos os tipos de emoções que despertamos, tudo influencia, é como regar e cuidar de uma semente que está germinando, o desabrochar depende do nosso tratamento e da forma que escolhemos alimentar essa semente.

Observe-se bem, se olhe de pertinho sem medo. Você passa muito tempo dando espaço para pensamentos ruins, reclamando de tudo, sempre encontrando algo para alimentar a sua escuridão? Talvez toda essa constante reclamação já tenha se tornado um hábito para você e é sempre uma consequência da rotina cansativa, mas esquecemos do nosso papel dentro dessas sensações desalinhadas. Essa é a nossa forma de alimentar nossas emoções destrutivas, encontrando sempre uma razão para estarem no controle, tornando tudo sempre pesado e cansativo. Pessoas que passam a vida reclamando estão sendo guiadas por suas escuridões, estão perdidas dentro das suas emoções, essas pessoas se acostumam a se desgastar nessa eterna reclamação, não conseguem relaxar e permitir que a vida apenas aconteça.

Passam a viver por uma necessidade e não pelo prazer de estar vivo. Em muitos momentos, essas pessoas já se acostumaram tanto com o seu mau humor, que não se permitem as maravilhas da vida, porque reclamar é a forma que encontramos de estar sempre fugindo, moldando as situações para que tudo esteja sempre ruim, mas a verdade é que as coisas apenas acontecem com ou sem o seu desejo. Quando reclamamos, transferimos a responsabilidade do nosso bem-estar ou mal-estar ao mundo e aos eventos que aparentemente não colaboram. Mas esquecemos que tudo o que acontece dentro tem as suas raízes em nós mesmos e não apenas na vida. O seu mau humor nem sempre é efeito do que te acontece, essa é apenas a sua forma de lidar com a bagunça aí dentro. Se estamos alimentando nosso equilíbrio emocional, conseguimos enfrentar as situações da melhor forma, mantendo uma paz dentro de nós, mesmo que o momento esteja complicado.

Tudo se reflete no equilíbrio ou desequilíbrio de nossa mente. Os fatores externos não nos controlam como marionetes, somos influenciados por esses ambientes, mas somos nós quem agimos sobre a vida, somos nós que nos apresentamos ao mundo, a forma como essa apresentação será feita, dependerá do estado emocional que você se encontra.

A vida nos oferece o caminho, nós escolhemos como seguir e como nos apresentamos a ele.

Quando o amor se sente em casa

Como ser fiel a quem amamos? O que faz parte desse pacote de compromisso com o outro? Fidelidade é algo que nasce com cada um ou uma lapidação diária dentro de nós?

Ser fiel é o compromisso que fazemos com quem amamos, encontramos na fidelidade uma constante entrega. Reflita bem sobre a fidelidade, na nossa linguagem isso significa estar juntos e fazer de nossas ações aquilo que dizemos sentir no coração em relação ao outro. Mas por que, em alguns momentos, ser fiel parece um sacrifício para quem diz amar?

Ainda estamos muito magoados internamente e continuamos encontrando formas de amarrar o outro a nós, com isso nos esquecemos de viver o amor a fundo. Quando nos preocupamos demais com o que posso ou não posso ser para o outro e por ele, tornamos nossas relações eternas obrigações, onde precisamos estar sempre em vigilância para não caminhar por estradas que o outro não goste e acabamos impedindo que o próprio amor aconteça.

Complicamos o caminho, sempre buscando estar acorrentados e acorrentando quem dizemos amar.

Ser fiel é importante, mas não deve se tornar mais uma corrente apertada. O amor não pode ser sentido a fundo, quando para amar precisamos nos aprisionar e segurar o outro junto a nós. Ser fiel precisa ser uma consequência do amor e não o amor ser consequência da fidelidade. Porque quando a fidelidade se torna um peso, significa que não há amor. Pessoas livres, quando se esbarram na fidelidade que o compromisso trás, costumam fugir. Isso porque se acostumaram a serem fiéis apenas a si mesmo, e ser fiel ao outro, às vezes, pode significar trair a si mesmo. Nesse caso, você está apenas indo contra a sua natureza, isso significa que não é o caminho do amor, porque a nossa natureza sempre nos leva ao amor.

Cuidado a quem você está sendo fiel. Às vezes, ser fiel ao outro é uma traição a si mesmo, quando para amar alguém passamos a não nos amar mais. Mas quando a sua fidelidade ao outro não destrói a sua fidelidade a si mesmo, esse é o amor que chama. Entenda que em qualquer relação, respeitar a si mesmo é essencial. Se nessa relação, o outro tem o papel de apenas acariciar suas carências, reprimir sua natureza, calar a voz do seu coração, se despeça desse tipo de fidelidade, porque é uma traição a sua vida.

Conhecer bem a si mesmo é essencial nesses momentos, porque quando sabemos bem a nossa língua, conseguimos aprender a língua do outro, sem necessariamente esquecer o valor da nossa. Ser fiel a você em primeiro lugar, depois o amor trás o papel de fidelidade no pacote completo. Nesse caso, quando é amor, ser fiel é natural, porque o amor é estar onde o nosso coração deseja e sempre que estamos onde queremos, tornamos esse lugar o melhor do mundo.

Cuide-se bem, o coração sabe ser fiel sem ser pressionado quando está no lugar certo. Mas quando insistimos em estradas que não nos cabem, o coração sempre aponta para a estrada certa. Seja fiel à estrada certa, seja fiel a você, primeiramente.

Quando a vida em você florescer

Existem momentos em que conseguimos sentir uma força inferior se movimentando dentro de nós, essa força é o que chamamos de vergonha. Normalmente, todo mundo sente ou já sentiu vergonha em determinada situação. O que é comum, porque todos nós temos muitas inseguranças, isso é o que alimenta a vergonha. Mas existem pessoas que vivem nessa bolha a vida toda. Essas pessoas sentem medo de não serem aceitas pelo mundo do lado de fora da sua bolha e por isso, permanecem por muito tempo se protegendo da vida ou das inseguranças que o mundo fora da bolha pode trazer.

    É triste viver sempre mergulhado pela vergonha de ser quem é, por medo de conhecer o desconhecido do outro lado de nossa bolha. Mas acabamos nos esquecendo de que a vida é compartilhada, o mundo é um só e nesse momento estamos juntos nessa estrada, tentar se isolar de tudo por medo de não se encaixar nos desejos e expectativas dos outros é se tornar prisioneiro do seu medo. Sempre que damos esse poder ao medo, deixamos de dar poder às nossas potências. O medo nos faz buscar razões para não sair dessa bolha invisível, ele alimenta a sua insegurança e suas aflições sobre si mesmo, enquanto as suas potências, ou seja, aquilo que tem de inspirador em você te faz caminhar por todos os cantos da vida, sem medo de não ser aceito ou se encaixar, porque todos os caminhos são inspiradores e estamos aqui para passar por cada um deles.

    Sempre que sentir-se envergonhado de si, busque falar. Grite, mesmo que baixinho, tudo o que você tem de bom e como você é essencial para a vida. Dê vida ao que floresce em você para que os seus medos comecem a dar espaço para o que é grandioso aí dentro. A vergonha é um sinal de que ainda nos enxergamos através do espelho do outro, nos esquecemos de nos ver com os nossos próprios olhos e em nosso próprio espelho. Não tenha vergonha de quem é, porque estará adormecendo tudo o que tem de especial em você, por medo de ser visto. Em muitos momentos, o medo se apressa e nos impede de experimentar a vida. Muitos dos medos que você tem são frustrações que você criou na sua mente, mas elas nem sequer aconteceram, porque você se colocou nessa bolha antes mesmo de tentar ser você.

Se olhe de forma diferente e o mundo também terá novos olhares sobre você. A vida pode te surpreender, se você se permitir se entregar de forma limpa e completa. Tudo bem viver da sua maneira, a vida é feita de diferenças e é isso que torna tudo especial e todos tão únicos. Quando você se permitir sair dessa bolha um pouco, verá que as coisas não são tão monstruosas como você fez ser na sua mente. Cada um se faz ser na vida da sua maneira e todos dividem algum grau de sentimentos em comum, porque a mesma energia de vida que pulsa em você, também está presente no outro.

Todos passam por suas frustrações internas, todos se sentem afogados pela dor em algum momento, todos buscam fazer crescer o seu melhor todos os dias. Coloque-se na mesma estrada que todos e verá que podemos estar juntos e segurando um ao outro, em vez de criticar ou fugir de quem compartilha a vida ao nosso lado.

Essa bolha está no seu psicológico, se pergunte a razão de estar se protegendo tanto de viver, enxergue o que em você lhe traz alguma insegurança e comece por aí. É necessário entender a fundo os sentimentos destrutivos que estamos tendo sobre nossa vida para conseguir enfrentá-los. Essa bolha só será destruída quando você aprender a amar o que menos gosta em si mesmo.

Amar o que gostamos é fácil, o desafio está na construção do amor com aquilo que rejeitamos em nós mesmos.

Lidando com os dias ruins

Qual é o papel da âncora com o navio? A âncora é uma força que mantém o navio firme em meio às correntes marinhas. Eu gosto de pensar que a âncora é uma força maior que age sobre uma força momentânea. Sabemos que o mar, às vezes, está mais tranquilo e navegar fica mais fácil, mas também conhecemos as forças de suas águas quando estão agitadas, e é nesse momento que precisamos de uma força maior para passar por essas agitações, precisamos resistir.

Durante o caminho, muitas pessoas se tornam nossa âncora, fazemos do outro nossa força, mas algumas tempestades são muito pessoais e às vezes as forças turbulentas chegam com tudo nos afogando por completo, nesse momento vencer essas águas é uma missão unicamente sua. Não tem mais ninguém no mar, o navio está prestes a afundar com tudo o que você mais ama, como não ser destruído? Seja a sua própria âncora. Encontre o seu equilíbrio em meio à turbulência, mergulhe em suas raízes mais fortes e se ajude a não afundar.

A âncora é afundada na areia do mar, ela luta contra forças contrárias, mas usa o próprio peso do navio para resistir. Isso é lutar, é não se entregar facilmente, é saber estar em meio a grandes tempestades, mas conseguir encontrar o equilíbrio em si mesmo, é ser suficiente na vida. Quando sentimos que somos suficientes, permitimos que nossa âncora se fortaleça em nossas raízes e conseguimos vencer. Mas tenha calma, as águas uma hora se acalmam, tempestades sempre se aquecem com o sol. Encontre a sua força de vida, aquilo que te faz ser flexível em meio ao mar grande, mas que ao mesmo tempo te mantém firme.

Flexibilidade é essencial, a âncora não tira todo o poder das ondas agitadas sobre o navio, ainda podemos sentir o balançar que as águas causam, assim é na vida. Precisamos resistir com as forças que temos, mas isso não nos tira do mar, ainda estamos no problema, ainda sentimos partes dessas forças dolorosas, mas podemos diminuir o impacto disso em nós. Ser flexível mostra que permitimos sentir as ondas fortes, até porque elas nos ensinam a controlar e conhecer melhor o nosso navio, assim como os problemas nos ensinam a ser melhores na vida, o mar faz um bom marinheiro assim como a vida.

Estar no problema é diferente de ser o problema. Quando estamos no problema, conseguimos sentir as pancadas das águas sobre o barco, mas temos o controle da situação. Quando somos o problema, permitimos que as águas entrem no barco e perdemos o controle de tudo, porque nos tornamos parte do problema. Esteja no mar, mas não deixe que ele te domine. Não se perca da sua âncora.

Seja sua resistência na vida, você é a sua morada mais segura.

O dia em que o amor me ajudou a seguir

Um dia uma pessoa muito especial me falou essa frase: ser seu próprio cais. Eu percebi que somos todos cais, carregamos partidas e chegadas, mas nós sempre permanecemos. Ser o próprio cais significa ser sempre para você e por você, ser a própria segurança na vida, isso é o que torna toda a viagem mais leve, porque sabemos que sempre seremos nossa certeza. Mas nesse dia essa pessoa foi o meu cais, a minha âncora e meu refúgio, porque ela me trouxe de volta do mar violento e me deu segurança.

Algumas pessoas são a nossa âncora em momentos turbulentos, elas trazem de volta a nossa resistência, nossa força, e também se tornam cais, acolhendo o nosso coração, quando as nossas feridas precisam de cuidado. O seu destino é um só, durante o caminho você terá que parar para se refazer de alguns estragos da viagem e essas pausas em lugares seguros são o que alimenta nossa alma e acolhem o coração cansado, para que mais à frente continue sua viagem mais forte. Eu tenho algumas pessoas que se tornaram o meu lugar seguro, e uma delas é quem mais me inspira a nunca deixar de seguir.

As pessoas que amamos se tornam nosso cais na vida, aqueles que nos dão segurança no caminho, não importa o quão doloroso esteja, essas pessoas tornam a vida mais leve e nos ajudam a encontrar nossas forças quando precisamos. Elas conseguem ser refúgio quando o tempo lá fora está pesado, nos ensinam o caminho para o nosso próprio cais, mas também dividem o seu espaço com nossas feridas quando o coração precisa. Aqueles que amamos podem nos guiar por uma rota mais segura.

Nesse dia, eu me inspirei em uma das pessoas que mais admiro na vida, ela me mostrou que estamos no mesmo mar, cada um lutando com as próprias águas, cada um aprendendo a ser a sua própria âncora, mas todos estamos buscando vencer nossas marés violentas para chegar ao nosso cais. Buscamos o nosso equilíbrio no fim dessa navegação. Essa pessoa enfrenta águas violentas todos os dias, como cada um de nós, mas a forma como ela se redescobre em cada banho de mar é admirável, é o que me faz entender o real valor dessa frase. Olhar bem a sua forma de navegar no próprio mar me fez ver que somos resistentes a tudo com o amor. É pelo amor que essa pessoa vive todos os dias, se refazendo das marcas da vida, por amor à própria natureza, e esse amor é que nos tira o medo do mar, porque aprendemos a ser cais.

Agradeço ao amor da pessoa que foi a minha âncora e me ajudou a resistir às minhas ondas violentas, sendo meu cais quando precisei de refúgio.

Você floresceu

Talvez você esteja passando nesse momento por umas das suas fases mais difíceis e desafiadoras e talvez ninguém tenha notado todas as confusões que lhe tem acontecido aí dentro. Você pode estar conhecendo as estradas obscuras da sua trajetória, suportando diversas pancadas constantemente. Eu venho apenas te dizer: você resistiu.

Assim como todas as outras fases ruins que você já passou, essa também está tirando o melhor de você. Porque são nesses momentos que lapidamos nossa alma, é como um chamado para a primavera, você está passando pela transição entre o inverno e a primavera, está resistindo às ventanias fortes com tudo o que tem e da forma que pode, está descobrindo que você tem mais resistência do que imaginava ter. Você está descobrindo todos os espinhos que carrega, mas junto a eles, toda a beleza que te faz ser quem é.

Você é uma rosa única, e não há quem não se encante e se admire por sua delicadeza e suas características mais profundas. Você é única na forma de lutar, na forma de estar, na forma como preenche com um pouco de luz essa existência. Nunca pense diferente disso, e não deixe de acreditar que você carrega muitas surpresas que ainda precisam ser desvendadas e esses encantos só são descobertos quando passamos por essa transformação íntima nos momentos de reformas internas.

A dor e a dificuldade tiram o melhor de você, te chamam para a vida. Quando já estamos há muito tempo na brisa leve nos acostumamos com aquela situação, nos acomodamos a tudo como sempre esteve e isso não te faz caminhar, não balança suas raízes, retirando toda a poeira do que estava acumulada. É importante ser sacudido, ser acordado, é o chamado dos nossos corações para voltarmos a viver com prazer pela vida. Então resista, observe e se modifique, ou melhor, permita-se ser modificado diante das transições entre o dia e a noite, entre a escuridão e a luz.

A singularidade da vida

O mais encantador da vida é que nenhuma experiência é vivida mais de uma vez, ela é formada por momentos únicos. Nada acontece da mesma forma, cada passo é único, cada sentimento experimentado é único. E viver assim é apaixonante, porque esse encanto nos faz caminhar apaixonados por cada detalhe.

Tudo deve ser enxergado dessa forma, tornando a estrada mais leve. Quando se toma consciência dessas experiências únicas, as coisas são sentidas com mais verdade, a entrega é constante e isso é um caminho lindo para seguir. Não deixe esse encanto se perder, não permita que o seu estado de paixão pela vida seja tirado de você, espalhe sua paixão em outras estradas.

Não pertença a nada, viva a experiência de estar presente em cada detalhe e instante, mas não se aprisione em estradas específicas, não se feche em coisas passageiras. Não se segura a vida, não se força a permanência de algo que nasceu com a sua liberdade espontânea. Alguns instantes são tão marcantes que parecem terem sido escritos para cada detalhe de nossa alma, mas a verdade é que existe um pouco da sua alma e dos seus detalhes em todos os cantos, em todos os caminhos. É por isso que é tão importante que você passe por todos eles, que lide com os finais e construa novos começos, porque os finais já lhe apresentaram a visão que precisava ter sobre si mesmo naquele momento e os começos te trarão as novas visões necessárias para prosseguir.

Prender-se a situações, emoções, pessoas ou momentos é impedir o seu próprio caminhar. As prisões são construídas por nós mesmos, quando encontramos a necessidade do apego, porque ainda temos medo de caminhar apenas com o que já nos pertence e no fundo ainda temos muito medo de não nos sentirmos suficientes na vida. Desfaça esses laços que te mantém apegados a histórias únicas, mas que tiveram seu fim. E permita que a vida te dê a oportunidade de viver suas novas transformações.

Dois mundos conectados pelo amor

Ao se relacionar com outra pessoa, é importante compreender toda a bagagem que ela já traz com si mesmo de raízes passadas. Entenda que cada um carrega consigo resultados de tempestades que enfrentou, histórias que se tornaram a fragilidade emocional dessa pessoa e isso nos traz a responsabilidade de saber tocar essas feridas. Sempre que nos conectamos com outra pessoa, estamos ao mesmo tempo entrando em contato com outras marcas, outras cicatrizes e outro mundo que assim como o seu, luta diariamente por um lugar na sua própria existência.

Por isso esse encontro é tão especial, são dois seres que carregam constelações formadas por suas experiências, são feridas que se encontram. Então, construa uma consciência de que suas relações precisam ser cuidadas com muita entrega. Se relacionar com outro ser humano é como pisar em um ambiente novo, em gramas que carregam outras histórias, que provavelmente já foram muito violentadas, já sentiram o gosto amargo do abandono e já sofreram alterações em sua essência por meio de outras relações. Quando for conhecer esse novo ambiente, trate-o com o mesmo respeito e cuidado que gostaria que tratassem as suas próprias marcas.

Peça permissão para tocar no mundo do outro, acomode-se com respeito a cada detalhe que esse outro ser humano carrega. E saiba que tudo o que ele é hoje foi formado por marcas que o passado deixou, então não imponha outra forma de ser a ele, aceite sua identidade atual como ela é, porque de alguma forma tudo o que ele tem para te oferecer sobre si mesmo vem de uma luta interna que ele travou com suas dores mais profundas.

O passo principal para ter uma boa relação com outro ser humano é a capacidade de conseguir enxergar nele aspectos que existem em você. Então, quando você se deparar com o mundo do outro, provavelmente conseguirá ver muito do seu mundo ali. Assim como você, ele lutou para que estivesse onde está, ele sobreviveu a tempestades fortes e quase que destrutivas.

Conecte-se com o outro, permitindo que os dois mundos se conheçam e se transformem nessa relação, mas não destrua todas as paisagens passadas que essa outra pessoa traz consigo, não julgue a sua maneira de vencer e de lutar, não queira modificar o que já existe nele, apenas se preocupe em cuidar dessa relação de uma forma que não deixe mais marcas dolorosas no outro, mas que lhe mostre o amor, lhe ensine a cura e dessa forma, que seja uma troca de experiências e aprendizados entre duas grandes vidas.

Um pouco de amor

Queridas feridas, por muitos anos eu resolvi fugir de vocês, na tentativa frustrante de negar as suas existências em mim e tudo o que vocês modificaram aqui dentro. Esse não é mais um texto normal, aqui eu abro um pequeno diálogo pessoal da minha consciência com as minhas dores mais profundas.

Sei que fugir é sempre mais fácil, esconder a bagunça debaixo do tapete deixa tudo aparentemente organizado, é uma maneira de fingir até para mim mesma que não tem nada de errado e doloroso aqui. Mas a verdade é que essa sujeira está mais presente em mim do que parece. Ela é refletida todos os dias quando eu sou consumida pelo medo de viver, ela está presente quando tenho o medo de enfrentar situações novas, riscos novos e amores novos. O novo sempre é distorcido por essas sujeiras carregadas de passados dolorosos.

A verdade é que nossas feridas movem muito de nós, porque elas acorrentam um pouco de nossa liberdade de ser, pela necessidade de se proteger em situações de risco, como um passado cheio de mágoas. Essas feridas são dores que você não cuidou, ainda sangram o tempo todo, e a ideia de permitir que outra pessoa toque nelas é inaceitável, porque você tem medo da dor que isso te trará. Você não cuidou porque não se perdoou, essa é a cura dessas dores, essa é a limpeza interna que você precisa realizar diariamente. Perdoar-se é o ato de amar, de cuidar e de compreender-se. Tudo isso vem acompanhado do entendimento de que você não fará o que é certo e bom o tempo todo, porque isso significaria que você está completo. Mas não somos completos, temos tudo o que precisamos para sermos completos, mas vivemos procurando essas peças dentro de nós, peças que estão perdidas em algum lugar aí dentro, cada peça se encaixa em um lugar específico para ela, mas encontrar a peça que encaixe é uma missão de aprendizado, e durante esse aprendizado cometemos muitos falsos encaixes, que te trarão desconfortos e dores, porque não é a peça correta para esse espaço, é assim que se dão as experiências da vida.

Busque ter calma com si mesmo e entenda que por meio do aprendizado se dá as transformações, mas esse processo é repleto de caminhos tortuosos e desconhecidos, é importante ter passos cautelosos para não causar nenhuma destruição maior, ter a capacidade de caminhar acolhendo a si mesmo nos dias sombrios e encontrará o encaixe perfeito para cada espaço vazio aí dentro. Mas não se engane, nem tudo nasceu para ser preenchido por algo, em alguns espaços o vazio é essencial.

Existe um pedaço meu em cada ferida que carrego, preciso voltar para esses pedaços, preciso curar os meus machucados.

O passado no presente

Despertamos alguns comportamentos no nosso inconsciente para que eles ativem sempre que uma determinada situação condiz com esse modo de agir. Movemos nossas vidas em função de um cronograma fixo, o que chamamos de hábito, no qual somos condicionados a estar na vida de uma forma específica. Mas quando fazemos isso, damos as costas para as milhares maneiras de estar e ser na vida. Fazemos isso com tudo, colocamos tudo em um molde certo, em uma caixinha fixa e nada nunca pode fugir a esse controle.

 Aprisionamos a nós mesmos, quando dizemos que só podemos ir até determinado ponto. Por medo de se permitir ir além, por medo de "perder" o controle sobre si mesmo. Mas a verdade é que não temos esse controle, porque mesmo que o esforço para se moldar seja grande, em muitos momentos seguimos caminhos contrários a esses hábitos e vícios, porque somos instantes. Nada se copia nessa vida, tudo tem seu único jeito de ser, tudo carrega sua particularidade. E isso também acontece com você. Outro grande vício é a nossa mente.

 Muitos pensamentos parecem que se agarram a nós e continuam ali sendo acionados o tempo todo. Pensamentos, às vezes, que já não condizem com a nossa estrada atual, memórias que estão agarradas no passado, nos levando de volta para estradas que já ficaram para trás. Isso porque, de alguma forma, ainda estamos ligados a essas estradas, essas histórias passadas se fazem presentes, porque nos acompanham onde quer que estejamos. Essas memórias te lembram de que algo está inacabado. E quando digo isso, não quero dizer que você deva voltar a viver e a trilhar esse passado, mas que muitas vezes, uma parte de nós permaneceu naquela estrada, porque às vezes, inconscientemente, tornamos aquela história e aquele caminho o nosso vício. Descubra as razões que te levam a permanecer em parte no que já se foi. Qual tipo de culpa permanece em você dessas memórias, e o que ainda te liga a isso.

Talvez esse processo te coloque de frente com alguns traumas dolorosos a serem remexidos, mas é necessário que eles voltem à consciência, para que seu passado não continue a te assombrar agora, para que você se liberte dessas forças que te fazem permanecer onde esteve um dia, e não te permite seguir.

Muitas vezes, se observarmos bem, carregamos muitos passados em nós, estamos sempre voltando em alguma estrada que tenha deixado um significado em nossa história, ou que tenha nos marcado de forma profunda. Mas você precisa se despedir desses caminhos, precisa enfrentá-los para que consiga entender o que eles ainda carregam de você, faça as pazes com os seus caminhos passados e deixe-os ir. Acredite, essa liberdade é uma cura para a alma, é como voltar a respirar depois de tanto tempo sendo comprimido em um lugar que já não te cabe mais. Tenha em mente que você só será capaz de seguir em frente, depois que nada em você estiver desejando permanecer, porque sempre que uma parte de você desejar continuar no passado, você não vai conseguir enxergar o seu caminho atual e tão pouco, estar presente nele.

Conheça seus vícios, encontre-os, para que sua liberdade volte para sua vida. Viver em moldes ou em encaixes é uma forma pobre de viver uma experiência tão rica. Se permita ir um pouco além, mesmo que te assuste um pouco no início, a liberdade é receosa quando estamos acostumados a viver em gaiolas. Mas essa é uma experiência fantástica depois que encontramos nossa natureza nessa liberdade, porque passamos a não construir mais gaiolas. Depois que sentimos a dimensão da liberdade, nossa alma se nega a ser aprisionada novamente. Então, vá.

Há muito amor aí

O amor percorre caminhos sombrios, na tentativa de curar nossas mais profundas feridas. Ele chega para acolher nossas bagunças, confortar nossas angústias e nos dar mais uma esperança na vida. Sabemos que com o amor, a vida fica mais colorida, os dias são mais transparentes e a alma encontra sua leveza. Porque o amor é a nossa razão de existir. Nossa cura está no encontro ou reencontro com o ele, nossas batalhas são sobre viver esse amor.

Essa é a nossa busca, queremos sempre arriscar um novo caminho na tentativa de um dia se encontrar nesse amor. E a gente se encontra, porque é a nossa natureza. Somos seres que crescem à medida que aprendemos a amar. Mas esse amor vem da liberdade. Ele não é apenas um sentimento que logo passa, amar é um estado da alma, amamos e por isso sentimos, mas continuamos caminhando em busca do amor certo. Porque durante a estrada, nos deparamos com muitos amores mascarados, onde se acredita que amar é entregar-se completamente nas mãos do outro, é largar o seu próprio mundo para morar no outro. Mas esses amores são mais conhecidos como paixões que se despedem bem depressa. Como eu disse, o amor é um estado de alma e para amar, basta existir.

Você ama ao compartilhar parte de seu mundo com o outro, mas não é sobre abandonar o seu para habitar o outro, é habitar em si mesmo e estar com o outro. Você ama quando é capaz de libertar. Você ama quando se torna transparente ao outro, quando não busca se moldar para ser diferente do que é, porque amamos o que tem de verdadeiro na outra pessoa.

Talvez você perceba que ainda não conheceu o amor e sinta que tudo o que você chamou de amor, não te trazia tanta imensidão. Isso porque buscamos ser amados a qualquer custo e acabamos nos amarrando a sentimentos vazios. O amor sempre esteve em você, não precisa mais correr para encontrá-lo. Ele está em você agora e nunca esteve distante. Ele desperta com a sua natureza no mundo. Amar é viver enxergando o mundo com suas lentes reais e mesmo enxergando tanta sujeira, tanta dor e tanta poluição, continuamos seguindo o caminho que desperte o amor em nós. Eu te apresento o amor, mas você não precisa de cerimônias, porque conhece bem o que forma a sua essência.

Marcando a vida da melhor forma

Hoje eu vim te lembrar das coisas especiais da vida. É normal que às vezes os problemas sejam lembrados com mais frequência do que os encantos da vida, do dia, dos momentos.

    Mas aprendi que olhar para tudo o que vivemos de bom é uma forma de curar os nossos dias ruins. Quando reforçamos o que aquece o coração, estamos abraçando cada parte ferida que carregamos. **A dor não resiste ao amor.**

    Quero que se lembre das pessoas que ama, ou que já amou, porque mesmo essas que partiram coloriram parte da sua vida enquanto estiveram ao seu lado. Costumo dizer que o verdadeiro amor não tem fim, quando aprendemos a amar uma pessoa, estamos permitindo que essa pessoa marque a nossa história e nossa alma com a sua existência e também, estamos marcando a vida dessa pessoa com a nossa maneira única de ser e estar. E essa marca, quando é feita com o amor, acompanha essa outra pessoa, mesmo que ela não permaneça ao seu lado. Amar é ser eterno no mundo do outro.

    Agora, quero que pense em momentos especiais que você teve com si mesmo. Sim, assim como temos experiências marcantes com aqueles que amamos, também precisamos ter com nós mesmos. Para mim, um dos momentos mais especiais que tenho em minha própria presença é estar aqui, me descobrindo em meus pensamentos. Quando escrevo, estou permitindo que o mundo dentro de mim marque a vida de alguma forma, estou permitindo que as minhas marcas se apresentem a você e ao mesmo tempo, eu mergulho na minha imensidão, desvendando cada canto, estar aqui é me redescobrir de formas especiais. E você? Qual é o seu momento especial na sua própria companhia? Estar em nossa companhia precisa ser sempre um motivo de festa, precisamos nos entregar a nós mesmos, para desfrutar da vida juntos e presentes por inteiro.

Pensar no passado nos faz mergulhar na multidão desses momentos especiais que já tivemos. Mas pensar no que já foi nos estaciona em algo que já partiu e pensar em momentos que desejamos ter no futuro nos arranca da vida aqui e agora. O seu momento especial precisa ser o agora. Mesmo que esteja aparentemente em um dia normal, você consegue encontrar momentos bons e prazerosos que vivenciou ou está vivenciando. O prazer só pode ser sentido quando é experimentado por inteiro.

Não esperar pela surpresa te abre um leque de chances de ser surpreendido de todas as formas. O nosso maior erro é sempre esperar por algo que alimente nossas fantasias, mas quando esperamos por algo específico, apagamos um universo de momentos que podem ser tão especiais quanto o que você imaginou.

Não esperar o especial é tornar tudo especial.

Hoje eu me escolhi

Estar entregue para a vida é um ato de amor e confiança. Existem momentos em que não podemos fazer nada para controlar a ventania, situações em que tudo foge do nosso alcance, nesses dias eu aprendi a me entregar. Tem sido uma das coisas mais incríveis que decidi fazer, porque eu permito que a vida se encarregue de colocar tudo no seu lugar.

Estar entregue em meio à confusão, é permitir que cada coisa siga o seu fluxo natural. Esse foi um acordo de paz comigo mesma que resolvi ter e nós precisamos dessa entrega em nossas vidas, porque estamos sempre tão agitados, preocupados, angustiados com o que pode vir a acontecer ou com o que está acontecendo, que acabamos nos esquecendo de permitir que as situações se desenrolem no seu próprio ritmo, estamos sempre tentando desatar todos os nós de nossa vida o mais rápido possível, para nos ver livres dessas preocupações, quando podemos simplesmente nos despreocupar um pouco.

Tuda bem permitir de vez em quando que o próprio problema encontre o seu caminho e se dilua, porque em algum momento, tudo acaba tomando o seu rumo e é melhor que estejamos em paz no meio dessa complicação, porque o seu desgaste emocional não vai fazer com que o problema desapareça, só vai te trazer mais irritação com a situação e acabamos transformando tudo em uma grande bola de neve, mas essa bola de neve vai acabar se desfazendo aos poucos à medida que o sol volta a tocá-la. A sua angústia não muda o tempo natural que essa bola tem para se desmanchar, então espere o sol com o coração tranquilo e deixe que ele traga o calor de volta à vida.

Temos duas opções quando se trata dos nossos problemas, a primeira é buscar a solução, mas ninguém consegue resolver um conflito estando agoniado, o problema vai parecer cada vez mais impossível de ser solucionado. Em toda e qualquer tempestade, precisamos estar em nosso estado de consciência, para que possamos encontrar o rumo certo para seguir. O desespero e a pressa agem como distrações para a sua mente, impedindo que ela se concentre no problema de forma completa. A tranquilidade é o estado de equilíbrio que a mente se encontra, para enxergar a realidade como está e buscar os caminhos necessários para as respostas que precisamos.

A segunda opção é quando o problema não pode ser solucionado, quando a vida se entrelaça e não nos dá nenhuma chance de desatar essas amarrações. Nesses momentos, o próprio fluxo da vida encontra as formas de encaminhar tudo para o lugar necessário e tudo o que podemos fazer diante dessas dificuldades é entregar ao tempo. Não apressamos o desabrochar das flores, elas seguem o seu próprio ritmo e algumas dores são como **flores**. Não podem ser curadas de imediato, precisam sangrar um pouco mais, mas à medida que entregamos essa dor ao tempo, vamos sentindo que ela vai encontrando o seu lugar longe de nós, aos poucos.

Essas dores que levam mais tempo para partir nos trazem uma resistência emocional muito importante, porque é por meio delas que nos tornamos mais fortes. Quando convivemos muito tempo com uma ferida, aprendemos a lidar com a dor e criamos uma camada protetora em nós mesmos por meio dessa ferida. Aprenda a querer a sua paz, a desejar essa paz e se entregar quando a luta estiver impossível de ser vencida.

Eu despertei quando percebi que a minha paz estava em minhas mãos e eu não podia deixar que ela fugisse. Agarre a sua paz, permita que algumas tempestades desaguem sobre você.

Respeito e admiração por sua história

Hoje eu vim conversar um pouco com o seu **EU** machucado, em especial, desejo conhecer a história das suas feridas, aquilo que grita por ajuda dentro de você. Eu quero te apresentar o respeito. Falar sobre isso é delicado e mais profundo do que muitos imaginam. Grande parte de nossos problemas e frustrações são alimentadas pelo desrespeito a si mesmo e a própria vida. Mas antes de te levar para essa viagem, preciso explicar a minha visão sobre isso.

Respeitar é apreciar a vida que pulsa em você, essa vida precisa ter a sua essência liberta de qualquer dominação, quando aprendemos a nos respeitar, também somos capazes de respeitar outras existências. Quero que se imagine livre, em um lugar em que o seu coração deseja estar agora. Se veja da forma menos vaidosa que puder, nesse lugar você não precisa se moldar a nenhum padrão, não precisa pensar tanto sobre parecer a pessoa perfeita que luta para ser diariamente. Nesse lugar, os pássaros são coloridos, cada um com a sua beleza única, as árvores são misturadas, não existe padrão de tamanho ou de espécie alguma, tudo está misturado, tudo é vida. Nesse lugar, todo mundo pode ser o que quiser ser, ou melhor, todos podem ser quem realmente **são**. Nesse lugar, o respeito começa em você e continua na existência de cada ser particular.

Deixe sua mente livre agora e pense sobre como se sentiu no instante em que se levou para esse mundo que te guiei. O respeito é exatamente isso, é permitir a sua liberdade, é não cortar as suas raízes, não se ferir com o desejo de mudar tudo em você que aparentemente não se enquadra no que é aceitável. Ninguém precisa ter que passar por uma leitura social constante para dizer se é suficiente o bastante, se é bom o bastante, bonito o bastante e inteligente o bastante. Vivemos tentando criar várias cópias do que achamos que se encaixa na perfeição social. Queremos copiar os corpos "mais atraentes", os comportamentos mais "adequados", a forma de vida mais "feliz". Nessa tarefa de copiar e colar tudo o que desejamos que tenha em nós, nos esquecemos de respeitar o que somos, de enxergar o que é único em nós. Você é o que está por trás de todas essas máscaras que criou para ser aceito socialmente, por outras pessoas que também vivem se mascarando na vida. E no final, poucos são aqueles que conseguem encarar a vida sem ter que se esconder.

Respeito é o primeiro passo para a sua libertação. Desconstrua essa ideia de que não existe beleza em você. Respeite seu corpo como é, não o veja como fonte de prazer ao mundo, o nosso corpo é mais do que o que nos fizeram acreditar ser. Ele é o nosso templo, nossa fonte de vida, nosso abrigo. Os seus traços são o que te fazem ser especial, ninguém na vida carrega os mesmos traços que você e isso é o que torna tudo mais encantador. Todos possuem a sua particularidade, mas juntos fazem sua essência transcender a qualquer estereótipo. O respeito começa no instante em que paramos de nos ferir diariamente, com a ilusão de que não somos suficientes. Olhe para você e veja a pessoa que mais admira no mundo, porque você conhece melhor do que qualquer um a sua natureza, os seus detalhes e principalmente as suas lutas constantes. Sorria para si mesmo no espelho, pelo menos uma vez ao dia. Tenha admiração por sua história, pelo seu corpo e por seu esforço diário em dar o melhor de si na vida. Você merece ser aplaudido de pé, por mim, por você e pelo mundo. Nós merecemos.

Hoje o meu pedido de desculpas é a mim mesma, por ter passado tanto tempo admirando outros espelhos, enquanto o meu também carregava tanta beleza.

Quando negamos a dor

O nosso ego encontra muitas formas de se proteger dos riscos com que se depara no caminho, uma das que conhecemos a fundo é a negação. Quando o coração não aceita a realidade, o caminho se torna mais escuro do que é. Negar é a forma que encontramos de nos proteger das dores profundas. Quando a alma sente que não vai conseguir enfrentar tantas feridas, ela busca uma maneira de mascarar a bagunça que está enxergando, com a negação tudo o que está desmoronando é revestido por uma falsa resistência.

Negamos tudo o que vai contra as nossas escritas, nós formamos toda uma vida em nossa mente, como quem organiza um conto, criamos nossa própria história, movemos nossos personagens e vivemos nossos momentos em nossas fantasias mentais, mas quando a realidade não é como o conto que criamos, muitas vezes não somos capazes de suportar, nós negamos a verdade das coisas, negamos o caminho que essa história trilhou. Não aceitamos a ideia de nossas histórias serem mais livres de nossos controles do que imaginávamos.

O ego se alimenta dessas memórias criativas, que acabam formando expectativas com a realidade, mas poucas de nossas expectativas são alcançadas como desejamos, porque nossa vida pode caminhar sozinha, ela não nos espera para seguir e se continuamos fixos nessa ideia de querer que tudo siga o nosso roteiro, vamos acabar presos em nossas frustrações, que sempre nos levam para o mesmo poço sem fim. Entender que temos essa necessidade em nós é o primeiro passo para curar nossa forma de viver. Precisamos acolher a vida como ela deseja se apresentar a nós, sem tentar dominar tudo o que nos acontece como se toda a história fosse escrita apenas sobre nós.

Quando negamos o que é real, alimentamos a nossa mente com mentiras, negar é se enganar. Quando nos enganamos, estamos sendo falsos com nós mesmos, tentando fingir que não está ferindo, quando no fundo, sabemos que dói muito, mas negar essa dor não fará com que ela pare de doer, esse espinho vai continuar em você, mesmo que negue para si mesmo.

A negação pode ir embora. Sempre que você se observar sendo levada por uma dor forte demais, não negue a situação que está, faça o contrário disso, enxergue a realidade e mesmo que tenha deixado uma bagunça muito grande para arrumar, não esconda esse estrago. Aceite que podemos ser destrutivos, que nem sempre o passado te trará boas lembranças, que talvez algumas tempestades vencem nossas resistências, isso é o natural do ser humano. Não somos sempre invencíveis, em alguns momentos, ser derrubado é essencial para que possamos ressignificar toda a confusão e só encontramos essa força para voltar a reconstruir tudo o que foi derrubado, quando entendemos que também podemos ser derrotados. Essa derrota reestrutura todo o seu campo psicológico, te ensina a buscar outras estruturas para se fortalecer.

Tudo isso só é possível quando substituímos a negação, pela aceitação. Aceitar o estrago, não significa ser fraco ou se deixar ser dominado, mas te faz entender que isso não é uma disputa por poderes, você não está aqui para disputar forças com a inconstância da vida e nem precisa. Deixe a situação ruim passar, depois reconstrua tudo com mais segurança e se fortaleça para as próximas ventanias, porque o cenário da vida te traz muitas batalhas e você precisa estar mais forte no fim de todas elas.

Ressignificar é encontrar o segredo que tem por trás de cada evento ruim, é conseguir enxergar a profundidade de cada dificuldade que você enfrenta. Quando olhamos apenas o superficial da situação, sentimos a dor, mas não encontramos o aprendizado por trás dela, mas quando mergulhamos nesses eventos dolorosos, conseguimos ver e sentir o que a dor tem para nos ensinar, assim a situação te marca de outra forma, em vez de deixar uma ferida aberta, ela pode ser fonte de iluminação para todas as feridas que já estavam abertas há muito tempo. Algumas curas acabam vindo como resultado de transformações desses eventos dolorosos.

A negação adia o tratamento da dor, tornando o estrago cada vez maior. Negar não faz com que o problema desapareça.

O julgamento também é um grito de socorro

Qual é o poder que você dá ao outro sobre você?

Essa pergunta precisamos nos fazer diariamente. Grande parte de nossas frustrações, decepções e angústias são fontes de um poder que damos ao outro sobre nossa própria vida. Quantas vezes alguém conseguiu acabar com o seu dia, com um comentário maldoso? Ou quantas vezes você passou a se ferir por julgamentos que foram feitos por outra pessoa ao seu respeito? Acredito que em grande parte da nossa vida estamos pegando aquilo que pensam sobre nós e tomando como verdade absoluta. Mas quem foi que disse que eles sabem a verdade sobre você?

Normalmente, somos mais atingidos por opiniões ruins sobre nós do que por opiniões boas.

Quando alguém admira suas qualidades, não parece ter o mesmo poder sobre suas estabilidades do que quando alguém te critica ou te diz coisas negativas que enxerga em você.

Com isso, permitimos que o outro faça do **nosso mundo** o que ele bem quiser. E basta um comentário maldoso, para transformar o seu olhar sobre si mesmo. Nos permitimos ser poluídos pela escuridão do outro, dando espaço para que ela passe a morar em nós também.

Quando alguém diz coisas maldosas, é a sua escuridão quem está falando, sua parte ferida está atacando de todos os lados, na tentativa de diminuir a própria dor formando feridas maiores em outras pessoas. Mas quando você permite que esse comentário te machuque, você está alimentando a escuridão do outro, que agora também passa a estar em você. A verdade é que ninguém sabe mais de você do que você mesmo. Você é o especialista em sua vida e ninguém pode tentar te traduzir, porque nenhuma tradução estará completamente correta, isso porque o seu mundo só você conhece a fundo.

Ouvimos tanta besteira e não podemos simplesmente apagar o que é dito com a intenção de nos ferir, porque normalmente quando te toca de alguma forma, é um sinal de que a ferida já existia há muito tempo e só foi cutucada. Talvez tudo o que você ouça de ruim sobre si mesmo seja um reflexo da fraqueza que já existia dentro de você, só dói o que nos toca, mas para tocar, precisamos dar espaço, permitir que o outro encontre nossas fragilidades. Não podemos podar o que o outro diz ou pensa ao nosso respeito. O que podemos fazer é conhecer a verdade sobre nós. Você não vai gostar de absolutamente tudo em você, porque quando gostamos significa que não precisamos modificar nada. Mas nós sempre precisamos ser modificados, ainda carregamos muros resistentes que precisam ser derrubados.

Quando algo em você te incomoda, significa que esse muro está separando partes que deveriam estar juntas aí dentro. O incômodo te faz buscar o melhor, te faz cuidar do que está ferindo.

Filtre o que você permite que passe pela porta de sua alma, não deixe que a sujeira do outro te contamine também. Abra a porta apenas para o que for ajudar na sua iluminação, se a intenção for causar mais dor, deixe que fique do lado de fora.

A escuridão do outro não fala sobre a sua dor e sim sobre a dele.

Não desista de quem está se tornando

Saber é mais fácil do que ser. Em muitos momentos é difícil demais encontrar o equilíbrio para cada situação conflituosa. Tudo o que eu disse neste livro já estava em algum lugar em você, acredito que no instante em que leu cada palavra, algo em você já parecia conhecer tudo, isso porque você já sabe de tudo o que precisa, você tem as respostas aí dentro, o meu papel aqui foi apenas **despertar** o que estava adormecido e esquecido. O segredo da sua felicidade e realização pessoal sempre esteve em você, mas não fomos ensinados a ouvir nossas vozes mais baixas, normalmente elas só são percebidas quando chegam ao nível de gritar por atenção. Esses gritos nos trazem para dentro, nos fazem prestar atenção no que passamos a vida toda ignorando, nosso interior.

Quando ouvimos esse grito de socorro, precisamos ter consciência de que o processo de se iluminar, de se realizar internamente é um desafio que envolve muitas ondulações. Entender nossas confusões é fácil, difícil é saber como organizá-las e por onde começar. Mas isso é algo que você saberá fazer melhor do que qualquer um. Entenda que nessa missão e compromisso com você mesmo, terá muita dor, muito incômodo e em muitos momentos a vida vai te desafiar, vai te derrubar e te quebrar em pedaços, mas tudo o que você **não** deve fazer é desistir. Porque afinal, se desistimos de quem somos, quem lutará por nós?

Não importa quantas pessoas estejam ao teu lado nesse momento, se você não estiver também, nada muda, porque o caminho é seu e não podemos ser carregados por aqueles que nos ama, precisamos nos amar o suficiente para saber caminhar com as **próprias pernas**, mesmo nos momentos mais desafiadores. Vença a sua própria força destrutiva, encontre razões diárias para seguir **por você.** A ideia do autocuidado não é negar a sua natureza, mas, ao contrário disso, precisamos nos desarmar, tirar as máscaras e permitir que nossa luz natural se apresente ao mundo como ela é, sem ter que se transformar, apenas permitir que ela seja e esteja presente.

Quando o cansaço bater, tudo bem se dar o tempo necessário para se recompor. Nada que FORÇAMOS se encaixa. Quando queremos a qualquer custo fazer tudo para chegar logo no destino, tudo volta a ser automático e sem significado algum. O caminho do coração é a liberdade, estar livre significa em alguns momentos, não nos prender a nós mesmos. Nos libertar de nosso perfeccionismo.

Sempre que vivemos por essa perfeição, silenciamos a voz de nosso coração, porque ele não deseja que você se cobre tanto para ser o melhor, ele deseja que você seja quem gostaria de ser, ele prefere que você siga aquilo que te encanta, que te alegra e te faz encontrar sentido na vida. Continue nesse processo de nunca largar a sua mão, mesmo que encontre muitos desafios por aí e você vai encontrar.

Encontrar esse caminho de volta para nós é cheio de desvios, dores, angústias, porque é sempre difícil encarar nosso próprio estrago, mas é reconfortante enxergar tudo o que continua crescendo em você.

A verdade em você

A tarefa mais difícil e enriquecedora que você pode exercer é a autoanálise. Em alguns momentos nos tornamos estranhos a nós mesmos, porque é natural que o automático da vida te faça ser muitas versões de você e algumas delas são surpreendentes até mesmo para você. É mais comum do que parece, e ao mesmo tempo tão irônico que, mesmo passando a vida toda junto de si mesmo, você se conheça tão pouco.

Quem é você despido de tudo o que molda o seu comportamento diário?

Vivemos programando o que será dito, o momento certo de agir, de sorrir, de silenciar.

Controlamos tudo, o tempo todo e nada foge dessa ambição de controle. Quantas vezes no dia você ficou espantado com algo que você fez que fugia desse autocontrole?

Não somos robôs, não se torne um. Raros são os nossos comportamentos naturais, aqueles que não passam por nenhuma seção de autojulgamento. Mas estes, quando ocorrem, são os mais incríveis, porque é você, completamente você, sem nenhum filtro, sem nenhuma edição, **apenas você**.

É claro que se moldar para a vida é uma ação natural e até importante em muitos momentos.

Mas eu venho devolver a sua verdadeira **natureza**, venho te dizer que ser você nunca foi errado, a sua forma de marcar a vida carrega uma verdade unicamente sua. Isso é o que nos diferencia uns dos outros, nossa própria maneira de ser, de agir e de interpretar o mundo. Não podemos continuar construindo máquinas produtivas e esquecer das nossas verdades.

Se permita fugir de tudo o que te afasta da sua luz própria. Se afaste das mentiras que te contaram a vida toda, quando, em algum momento, te fizeram acreditar que o que você tinha para oferecer não era suficiente.

Acredite, o melhor em você sempre foi o seu lado da verdade, esse mesmo, que te faz estar no mundo por **completo** e faz dele um lugar mais leve para se viver.

Ser você é a melhor forma de ser no mundo.

Tudo bem não ter explicações

O que nos faz buscar sempre um sentido nos eventos da experiência?

Transformamos a nossa consciência, de forma inconsciente, em uma máquina que não aceita não ser o centro de tudo o tempo todo. Estamos sempre, em algum grau, buscando respostas para tudo o que acontece dentro e fora de nós.

Nem tudo, ou quase nada, tem que vir acompanhado com uma explicação lógica para acontecer.

Não encontraremos respostas para tudo, porque nem tudo precisa ter uma resposta.

Conectados a todas as ações do Universo, recebemos uma reação de todas as nossas ações no mundo. Essa é uma **relação recíproca**, de construção e de verdade.

O que nos faz escorregar na vida?

Primeiro, todos nós estamos propensos a erros, até mesmo quando agimos com base no bem podemos cometê-los. Somos formados por pequenas imperfeições, assim como a própria vida. Em alguns momentos, essas imperfeições se encontram e isso eu chamo de **viver**. Viver é o encontro no meio do caminho, entre as nossas partes imperfeitas e nossas potências e isso é magnífico. Erramos, quando, em algum momento desse encontro, nos frustramos com essa imperfeição. A dor acontece porque existe a frustração, o egoísmo, a não aceitação de como a vida se desenrolou.

Liberdade é mais sobre o quanto você se aceita como é e o quanto permite a existência dessas imperfeições.

A sua perfeição se desenvolve no amadurecimento dessas imperfeições. Deixe de culpar os lados imperfeitos do outro e os seus próprios, é nos momentos mais dolorosos que se **vivencia** o amor.

A vida só acontece porque você está aqui.

Uma carta da solidão para você

Sou a sua solidão, é um grande prazer estar em você. Sim, um prazer. Gostaria que você não lutasse tanto para me tirar de você, como faz a vida toda. Gostaria que você me enxergasse com outros olhos e entendesse que eu não sou tão cruel assim.

Você passa a vida lutando contra a solidão, se arriscando a grandes tempestades emocionais, por medo de ser sozinho. Eu sei, eu entendo bem, a solidão pode ser assustadora, a solidão te arranca camadas que você construiu por tanto tempo para se proteger. Mas ela sempre está aí.

Ela está aí mesmo quando você está rodeado de pessoas que você chama de amigos e você pode se surpreender como essas pessoas também se sentem solitárias. Tem sido a sua maior companheira nessa estrada, né?

Ela sabe bem como te apresentar o vazio e esse vazio é inexplicável. Mas eu tenho um segredo para te contar (que talvez não seja tão segredo assim): a solidão é o desencontro de você com o seu próprio mundo interior.

Ela te cutuca para voltar para dentro, de onde você deixou de cuidar por tanto tempo. Ela não quer te ferir, ela quer te curar. Ela está aí e vai permanecer até que você faça as pazes com si mesmo, até que você aceite as suas feridas, até que perceba que não há quem possa te trazer a cura quando a dor é causada por você. Essa dor começou a se formar quando você se deixou para trás.

Essa solidão não diz sobre a falta de pessoas na sua vida, mas é a dor de estar tão distante de você mesmo.

Enquanto estiver desconectado de si mesmo, a solidão ainda te causará desespero, até que você a abrace, ou melhor, até que **se abrace**.

Não existe solidão quando se está na própria presença. A solidão acontece quando você ignora a sua companhia eterna.

Encontrando o equilíbrio na vida

O dia perdeu seu encanto porque a ansiedade te faz correr em estradas feitas para serem apreciadas.

    O amanhã parece merecer mais minha atenção, o futuro guarda minha felicidade e, com ela, carrega a minha vida.
    A brisa já nem toca minha pele, porque eu estou apressado demais para senti-la, o sol ou a chuva não fazem diferença, a não ser que atrapalhem minha corrida, o céu eu já nem sei que formas carrega, olhar as nuvens era coisa da minha infância. E assim, vivemos em um **desalinhamento** com o corpo e a mente.
    Criamos tantas formas de pensamento que viver nas nossas fantasias e no nosso futuro perfeito ou o nosso passado frustrado parece mais interessante do que estar aqui no agora nesse dia único, sendo apenas o que o acaso me faz ser. O silêncio assusta nossa mente, não conseguimos não mergulhar em nossos baús de histórias passadas e formar nosso futuro.
    E assim vamos seguindo caminhos invisíveis que são construídos dentro de nós e é frustrante quando a realidade não condiz com as nossas fantasias.
    Se desafie a conhecer o seu dia, olhar para o que faz esse momento e trazer a sua mente para conhecer o hoje, pode ser que ela se surpreenda em como a realidade é rica de momentos bons para serem vividos.
    Que a sua mente se conecte com o seu corpo e que juntos apreciem a caminhada, sem ter pressa de chegar a lugar algum.

A ansiedade te faz correr o tempo todo. Tenha calma, isso não é uma maratona, é apenas a vida, logo passa.

Nossas escuridões

Carregamos pequenos monstros em nós (o orgulho, a vaidade, o medo, a inveja, a ambição), que vão sendo alimentados e se tornando cada vez maiores, o alimento favorito deles é o desequilíbrio. Basta um sinal de desatenção para que eles te transformem em marionetes nas mãos de suas emoções ferventes.

Esses monstros pequenos, por alguns instantes, parecem controlar cada parte do nosso caminho, como se o controle fosse roubado de nossas mãos e passamos a apenas observar o quão surpreendentemente podemos ser estranhos a nós mesmos, traindo nossas convicções mais profundas. Isso porque algumas situações ameaçadoras podem invocar esses monstrinhos, aparentemente quase que invisíveis a nossa percepção, mas que são capazes de fazer grandes estragos quando estão no controle.

Esse é o nosso maior desafio a ser vencido nessa vida. A capacidade de **agir** na vida e não **reagir**, existe uma grande diferença nesses dois pontos.

Quando você age em alguma situação, você vive esse momento conscientemente. Quando você reage diante de alguma situação, você apenas se defende e essa defesa quando inconsciente ativa seus pequenos monstros. Essa é a hora em que agimos com algum nível de violência, porque a sensação de perigo e impotência fere nossos pequenos monstros, e isso é inaceitável para eles.

A verdade é que alimentamos demais o que precisava ser de menos. Então, quando as coisas apertam, nosso primeiro passo é reagir. É uma proteção automática, porque em algum momento da sua história, você construiu essa barreira ao seu redor. E qualquer um que ameace as suas convicções, suas verdades, suas certezas ou de alguma forma te apresente uma visão contrária ao seu mundo particular, esse alguém recebe esses ataques.

Desde os nossos primórdios, desde os primeiros sinais de existência da nossa espécie, é notável que sempre tivemos esse reflexo de autodefesa acionado o tempo todo. Quando sentimos que algo ameaça o nosso conforto emocional, ou quando sentimos que nossas verdades estão prestes a talvez não serem tão verdades assim, nos defendemos a qualquer custo.

Isso nos apresenta o mundo do **medo**. Temos medo o tempo todo, medo da injustiça, medo da solidão, medo da não aceitação, medo da verdade. Somos pequenas partes desses medos e eles constroem esse escudo de proteção.

Mas eu te digo por um instante, que você pode abaixar a guarda, que nem todos querem o tempo todo te ameaçar, que existe uma visão diferente por de trás desse muro que você construiu e ela pode ser tão encantadora quanto a sua visão atual. Conhecer é existir e existir é despertar.

Quebre seus muros e se apresente ao mundo, não se limite sendo prisioneiro dos seus medos. O outro lado do muro pode te encantar.

Se salve dessa dor

Mais do que estar na vida, precisamos sentir a vida. Podemos nos perder durante o caminho, mas sempre encontramos o lugar de volta para casa e a nossa bússola é o desejo de viver.

Somos movidos por esse desejo de viver, de fazer o diferente, de conhecer cada detalhe e cada valor único da vida. E por essa razão, o amor nunca nos deixa desistir. Porque sabemos que no momento em que pensarmos em desistir, estaremos deixando de existir também.

Nossa alma se fortalece por meio desse prazer que a vida nos oferece, essa adrenalina de estar no meio de um acumulado de acontecimentos que estão tão próximos de nós, mas ao mesmo tempo, tão fora de nosso controle, traz a essência da vida para a nossa existência. Precisamos dessa vida, de estarmos vivos, porque no momento em que desistimos de nossa existência, ou seja, quando desistimos de nos levantarmos no caminho doloroso, nós apagamos a nossa luz da alma, passamos a viver no escuro e se não voltarmos a buscar o prazer na vida, morremos à medida que essa luz se distancia de nós.

Eu sei que alguns momentos são tão fortes, que nosso maior desejo é apenas se entregar para essa escuridão, mas vença isso, lute para não permitir que a sua luz se apague, porque no instante em que ela começar a piscar, como último sinal de claridade, você se perderá, se abandonando no meio do caminho. Então lute. Porque eu sei que você pode mais. E você também sabe que pode, porque já conheceu a escuridão, já esteve diante dessa quase morte em muitos momentos, mas soube voltar a se ascender, voltou a viver.

Buscamos nossa realização mental mais do que qualquer outro tipo de realização. Porque a mente é o controle de todo o resto. Então quando tudo está bem dentro de nós, o mundo fica mais leve e a luz se faz. Mas quando tudo parecer cruel demais no mundo, é sinal de que a doença começa dentro de nós, a escuridão está mais próxima. Você não tem o controle de tudo, nem do mundo e às vezes, perdemos o controle sobre nós mesmos. Mas você pode passar a transformar as coisas a começar em você.

Não temos noção da nossa capacidade de transformação sobre nossa vida, quando realmente desejamos. É aí que está a resposta. Mais do que conhecer a si mesmo, ou boa parte de si, é preciso ter a capacidade de transformar-se quando enxergar que algo está adoecendo. Porque essa doença vai continuar infestando tudo aí dentro, enquanto você permitir que tudo continue como está. Não podemos nos deixar morrer, somos nossa própria responsabilidade, senão nós, quem vai nos tirar dessa escuridão? Se ela começa em você, precisa ser tratada em você. Chegou a hora, essa não será a última vez em que terá que se salvar, você se perderá muitas vezes em diversas partes do caminho, mas em todas elas, você precisa se ajudar.

Seja colo para suas dores. Faça um curativo em suas feridas. Converse com sua escuridão e ajude-se a encontrar a luz. Você é o primeiro passo. O amor começa em você, e esse amor precisa ser transferido para suas partes mortas, suas trevas, para que elas conheçam de novo o prazer da vida dentro desse amor, porque o amor é a fonte desse prazer.

Se você está doente é porque em algum momento você se desviou desse amor, se recusou a sentir esse prazer. Descubra onde foi que o amor deixou de existir em você, o que está impedindo o seu caminho natural e retire tudo o que impede a passagem desse amor nesses espaços sombrios. Permita que ele volte a percorrer suas partes machucadas e que as cure.

Amando nossas marcas, damos vida ao que estava morto dentro de nós. É amando que se desperta.

O seu autoperdão é importante

A vida começa em você, acontece em você, e termina em você. Consegue enxergar o tamanho de nossa responsabilidade e nosso propósito com nós mesmos? Nosso crescimento está em nossas mãos e o que estamos fazendo com isso, é resultado de como você está agora.

O que você pensa sobre si mesmo, quando se enxerga nos reflexos da vida? Tem se julgado demais, eu sei. Tem sido doloroso continuar tendo olhares de desprezo sobre si mesmo, sempre que algo parece não estar de acordo com o que se é esperado. Somos cruéis com nossas falhas, como se o mundo tivesse que nos punir diante de nossos erros, mas quem mais nos pune está errando ao nosso lado. Nossas cobranças e punições mentais não facilitam no progresso. Um comportamento negativo, não se torna positivo quando é reforçado com o desprezo. Ele se modifica quando encontra a cura no perdão.

E por falar em perdão, todos nós achamos que somos capazes de perdoar, mas nos deparamos com muitas situações em que por mais que o perdão saia de nossas bocas, o nosso coração parece "falhar". A verdade é que nosso coração nunca falha, mas nossas palavras podem se tornar falhas quando não são frutos do coração. O perdão é libertado quando o coração é preenchido por ele, e para que isso aconteça, precisamos conhecer verdadeiramente o perdão. Mas só conhecemos algo quando vivenciamos dentro de nós. Isso significa que você só será capaz de perdoar quando precisar ser perdoado também e quando for capaz de praticar o amor se perdoando das diversas situações em que você foi quem mais se fez mal.

Perceba, então, que se você não consegue perdoar a sua humanidade, não terá capacidade de enxergar a humanidade do outro e tampouco perdoá-la quando cometer alguma falta. Faça agora um exercício de relembrar tudo o que você negou em você mesmo, tudo o que reprimiu aí dentro, tudo o que já pensou ou falou sobre si, que tenha lhe causado alguma dor e **liberte-se** das suas próprias correntes mentais. Se perdoe, porque em muitos momentos quando precisamos de nosso colo, tudo o que oferecemos a nós mesmo é a punição, reforçando nossas próprias dores, como se já não fosse suficiente tudo o que está sangrando, precisamos sempre cutucar um pouco mais. Se livre dessa escravidão de achar que você precisa sentir a dor mais do que ela já doe.

Todas as dificuldades são vencidas dentro de nós, sendo assim, se não conseguimos nos amar, não seremos capazes de amar o mundo. Porque o mundo é o seu reflexo. Então para onde quer que você corra, tudo sempre volta para você.

Uma nova chance

Todos os dias temos uma nova chance de decidir transformar nossas vidas. A chance nunca foi tirada de você, porque todas as manhãs você pode começar um novo caminho e se despedir de todos os outros que ainda te acompanham. O dia é a nossa nova chance, esse instante é a nossa nova chance.

A energia em nós precisa tomar outros rumos, encontrar outros caminhos, percorrer outras estradas, porque se estacionamos na vida, toda essa energia vital começa a se poluir e, consequentemente, começa a te poluir também.

Somos seres energéticos, tudo o que realizamos na vida só é capaz de acontecer porque doamos parte de nossas energias, parte de nossa luz de vida para aquilo que escolhemos fazer. É dessa forma em nossas relações também. Nelas, em especial, doamos uma grande quantidade de energia, porque essa energia é movida pelo amor. E o amor é a essência pura dessa energia de vida. Tudo em nós é luz, até mesmo cada parte do funcionamento de nossos órgãos e do nosso corpo é alimentado por essa luz energética. Prova disso é que, quando parecemos um pouco desgastados, quando nossa energia se esgota, nosso corpo também começa a falhar e nossa mente começa a adoecer.

A depressão é a doença do século, porque direcionamos muito a nossa energia para algumas fontes e nos esquecemos de preencher outras, no caso da depressão, nos esquecemos de cuidar da nossa luz de prazer pela vida, de amor pela própria existência, quando deixamos esses pontos de nossa alma de lado, permitimos que a energia se acabe e não sendo preenchida novamente, nossa alma demonstra sinais de adoecimento.

Essa energia precisa estar em movimento e esse movimento se reflete na nossa vida. Então significa que, para que exista energia, precisamos **existir** na vida. Nossa própria doença ou saúde está em nossa escolha de desistir ou seguir. Tudo o que é guardado por muito tempo apodrece, então não seria diferente em nossa vida. Quando estacionamos em algum momento, estamos apodrecendo nosso corpo, nossa energia e com isso, passamos a sentir a **escassez** de nós mesmos. Não há nada tão doloroso quando sentir as suas próprias mortes internas, porque sabemos que tudo o que está se desfazendo em nosso interior, foi consequência de nosso próprio abandono.

Essa é a sua nova chance. Chance de modificar o seu mundo, **começando por você**. Chance de cuidar do que você permitiu que adoecesse em você, de não olhar para trás e encontrar a sua felicidade aqui e agora, de se recolher para se cultivar, alimentando a sua energia de vida e permitindo que ela cure cada dor, para que voltem a sentir a luz da vida. É a chance de não perder mais tempo com desgastes pequenos, se fortalecendo para que suporte as pancadas com mais resistência e se permitindo ter uma **nova chance** sempre que precisar.

Essa energia pode ser perigosa dentro de relacionamentos tóxicos, onde um está sempre alimentando a vida no outro e esquece a sua própria vida. Quando isso acontece, passamos a alimentar tanto o outro, que nos esquecemos de alimentar as nossas necessidades, tornando o outro toda a nossa fonte de doação. Com isso, ele está sempre fortalecido e você cada vez mais desnutrido da sua própria energia de vida. Isso porque você se colocou de lado para saciar o outro e quando essa pessoa for embora, levará junto tudo o que você se esforçou para dar a ela na tentativa de que ela nunca partisse. E no fim dessa história, quem partiu foi você, porque de tanto doar, você se **esgotou**. Esse tipo de relação é mais comum do que parece, é quando ainda enxergamos o outro como fonte de nossa vida e passamos a eliminar a nossa vida íntima, permitindo assim, que o outro esteja sempre sugando toda a nossa energia, roubando todo o nosso ar e aos poucos, paramos de respirar, **paramos de existir para existir no outro**. Você se elimina para alimentar o outro, na expectativa de que ele te ofereça segurança, prazer e mais felicidade. Mas tudo isso só é conquistado quando nos alimentamos de nossa própria luz.

> **Todas as nossas faltas só podem ser preenchidas por nós mesmos. Somos nossa maior responsabilidade.**

Continue...

Que possamos dar o valor tão grandioso aos grandes eventos transformadores, como damos aos dias de realização. Costumo refletir muito sobre como o homem foge de tudo o que traz alguma lição ou alguma clareza para a vida. Isso porque é difícil se desprender de tudo o que se tornou confortável durante um tempo, essa é a razão de muitas vezes escolhermos continuar em situações RUINS que se tornaram comuns. Isso é reflexo de um desejo inconsciente que temos de permanecer naquilo que não nos exige algum esforço de iluminação pessoal.

Vejo que encontrar a luz se torna mais difícil, porque é trabalhoso se encarar totalmente contaminado pela escuridão que passamos a vida toda mergulhados, então se torna mais cômodo permanecer nos enganando, presos e "livres" em nossa fantasia com a realidade.

A pessoa que escolhe permanecer nas gaiolas que criou, tem medo da queda que a liberdade pode trazer, eu diria ainda que, ela deseja tanto essa liberdade, que o medo de se soltar e se deparar com uma realidade que não supre as suas expectativas, fazem com que ela permaneça na sua segurança obscura.

Fugimos porque é assustador encarar o que torna a vida tão única, **sua inconstância**. A liberdade traz essa sensação de descontrole, como se a vida estivesse flutuando diante de nós e não conseguimos agarrar nada com nossas mãos, enquanto as nossas prisões dão a falsa sensação de ter tudo em mãos. Mas a verdade é que os papéis são invertidos, porque a liberdade é o reflexo de quem somos, de quem realmente fomos criados para ser, totalmente livres de qualquer laço, mas ao mesmo tempo, tão seguros em nossos mundos internos, porque quando **seguramos em nós mesmos**, em tudo o que realmente compõe nossa alma, nos sentimos verdadeiramente protegidos. Por essa razão, pessoas livres não carregam medo de transformações, porque elas já enfrentam suas próprias transformações diariamente e entendem a beleza dessa flexibilidade da vida.

Enquanto isso, quando somos presos, estamos enganando a nós mesmos, como alguém que olha para o rio e enxerga o encanto do mar, porque essa pessoa se programou para ver a vida dessa forma, mascarando tudo o que é real, transformando naquilo que no fundo desejamos ver. Então, quem vê o rio e enxerga o mar sempre carregou o desejo de mergulhar nas águas do mar, mas tem medo da sua imensidão, por isso se agarra no seu pequeno rio, na tentativa de transferir a beleza que o mar carrega ao rio. Mas isso tira a essência tanto do rio como do mar.

Tudo precisa desmoronar, para que as transformações aconteçam. Toda **revolução** vem acompanhada de grandes dores e eventos que fazem com que o homem se desconstrua de suas mais profundas resistências, para que consiga encontrar uma nova visão de tudo o que lhe cerca e principalmente de si mesmo. As tempestades chegam limpando o céu, para que, em seguida, o sol brilhe de forma única. Olha que admirável, nem mesmo o sol brilha na mesma intensidade todos os dias, a cada dia a sua existência se preenche de uma forma especial, é dessa forma que somos, é dessa forma que é cada vida. Então brilhe hoje da sua forma particular, e amanhã brilhe ainda mais, ou talvez menos, mas continuará sendo único, porque você não conhece nem metade de **tudo** o que é.

Você não está sozinho nessa estrada

Existem situações em que não conseguimos ultrapassar as nossas barreiras sem ajuda, precisamos de uma força à parte! Venha aqui, pegue minha mão. Sei que pedir ajuda nem sempre é fácil, porque é difícil perceber que não conseguimos controlar nossos furacões sozinhos, que talvez nem tudo esteja tão bem quanto aparenta estar. Outra pessoa funciona como um **despertar** para nossas forças internas, ajudando a lembrar de nossa própria capacidade de vencer nossas escuridões. Estou aqui para te lembrar de que nem sempre conseguimos suportar e nem precisamos resistir tanto, o outro está ao seu lado para te lembrar de que juntos somos mais, juntos podemos caminhar para o despertar de nossa consciência coletiva, podemos dividir todo esse peso, você não precisa agarrar toda essa dor sozinho.

Desde o início de nossa vida, de alguma forma, sempre foi clara a conexão que existe entre todas as vidas, precisamos do outro para completar nossa iluminação. Claro que você é o principal responsável por todas as transformações que acontecem dentro de você, mas o outro é como nosso guia, ele nos mostra onde está a ferida, porque essa ferida se reflete em nossas relações, o outro também pode mostrar o caminho quando o dia não estiver tão bonito, o outro te ajuda a conhecer todos os seus reflexos e pode auxiliar na sua purificação interna.

Enxergue o outro em você e se enxergue nele. Aceite ser guiado por aquele que te ama, deixe que ele lhe ensine o que sabe, porque se é por amor, ele está te confiando todas as suas capacidades, está te entregando parte da sua própria luz e por mais que pareça pouco, mesmo que pareça que a luz que ele lhe entrega é fraca para as luzes que você um dia conheceu, aceite e honre essa luz, porque ela carrega muito das lutas internas dessa outra pessoa, essa luz é o troféu da vitória que essa pessoa conquistou diante das suas próprias lutas. Mesmo que pareça pouco, essa simples luz, pode ser tudo o que você precisa para se curar e se conectar novamente com suas forças internas. O amor não carrega grandes eventos, quem ama não te oferece a cura, ele te ensina a encontrar a sua própria cura, tudo o que ele pode fazer por você é te emprestar parte da luz que carrega em si e por meio dessa luz, você ilumina o caminho para encontrar a saída e descobrir o destino que é unicamente seu. É dessa forma que somos guiados na vida, é assim que o amor se mostra, a partir dos detalhes, porque, no sufoco, quando o ar começa a ser insuficiente, o amor chega e divide com você o próprio ar. Aceite quem lhe estende a mão, porque sozinhos somos fortes, mas juntos somos a essência do amor.

Nossas feridas se conhecem de algum lugar, juntas elas podem encontrar o melhor caminho.

Vem dançar nessa vida comigo

Eu gosto muito de imaginar a vida como uma música, uma das mais lindas criações humanas, a música tem um poder imenso, carrega histórias de corações tão intensos que não foram capazes de guardar tanta vida apenas para si, precisou dividir com o mundo. A música tem o poder de trazer todos os nossos sentimentos em uma velocidade minúscula, é como se fosse um desabafo coletivo de **tudo o que guardamos por muito tempo, escondendo do mundo.**

Quando digo que a vida é música, me refiro ao fato do **efeito** que a música tem em nós, **assim é a vida**. Como a música, a vida nos chama para dançar, seus ritmos ou fases, conseguem colocar para fora muitas coisas que armazenamos durante muito tempo, a vida nos envolve na mesma intensidade que uma melodia, nos agita como uma batida forte, nos acalma como o som de um piano e nos faz mais do que apenas ouvir a melodia, **ser a melodia**.

A vida nos mostra que precisamos mais do que apenas passar por esses caminhos, mas precisamos marcar. Nunca se esqueça de que a vida precisa **ser marcada**, assim como a música precisa **ser sentida**. Porque se não for assim, de nada tem o esforço do compositor. Se não for assim, de nada vale tudo o que já passou até aqui, porque no final tudo se torna apenas uma simples passagem momentânea, não permita que seja assim a sua hora de viver, deixe seu nome, deixe seu amor como marca, deixe suas batalhas, suas lágrimas, seus sorrisos, **deixe todas as versões de você em cada versão da vida.**

E se o som for ruim de ouvir, quando a vida estiver doendo demais para sorrir, aprecie a dor do compositor ao escrever essa melodia, sinta o que ele quer te transmitir, escute seu desabafo em cada letra que foi escrita acompanhada por uma noite de insônia, da mesma forma que os momentos de dor na vida precisam ser ouvidos, se conecte com cada detalhe dessa dor, ouça o que a tornou tão forte e grandiosa, conheça a força que ela carrega, como tem a capacidade de derrubar até mesmo os mais fortes, essa deve ser uma força também **admirável**. Porque a vida dói, e no caminho até a cura, ela transforma tudo ao seu redor. Da mesma maneira como uma melodia cantada, ela passa a dor de quem a canta e no caminho até que chegue a outra pessoa, ela transforma tudo o que toca, porque ela conversa com o coração.

O tempo

Com o tempo o coração se cura das dores que aflige nossa alma e prende a vida! Com o tempo a vida volta a ter cor! Com o tempo a luz encontra o caminho de volta pra você! Com o tempo a mágoa se torna força, a lágrima volta a dar espaço para o sorriso, a noite volta a ser leve, com o tempo cada peça volta ao seu devido lugar, porque o tempo leva o que já não parece ter soluções e ele nos traz a esperança.

Eu te convido a confiar no tempo, conhecer o que ele quer te apresentar nesse processo de libertação. O tempo é o passo para nossa libertação, tudo o que hoje machuca, precisa passar pelo **silêncio do tempo** para que venha se curar mais na frente! A vida nos abraça quando diz que tudo pode ser diferente, é como se ela estivesse te afirmando que **aqui não é o fim**, talvez seja só parte de uma nova fase da vida. E como é bom sentir que até mesmo quando achamos que o mundo conseguiu nos destruir, ainda assim, nos surpreendemos com toda a nossa sede de vencer essas dores e com a vontade de reescrever uma nova história que comece do nada e se forme à medida que voltamos para o palco da vida.

O tempo nos ajuda, ensina que não tem nada que cresça de forma saudável nos descuidados da pressa, quando corremos, quando desejamos que a transformação aconteça logo, o fruto pode acabar caindo da árvore antes de realmente estar maduro e você acaba tendo que se contentar com o resultado da pressa, porque na tentativa de fazer com que o seu crescimento **aconteça agora e já**, você corta pela raiz tudo o que faz parte do processo do amadurecimento, fazendo com que as coisas fiquem pela metade, impedindo o progresso natural da sua alma.

Hoje eu conheci o tempo, ele chegou assim em silêncio, me colocando de molho na vida, parou tudo o que se agitava em mim, me fez respirar com um pouco mais de calma, me fez cultivar as **minhas raízes** primeiramente, onde eu guardo tudo o que não quero mostrar ao mundo e às vezes nem mesmo a mim, o tempo me fez cuidar das minhas sombras e marcas, para que só depois eu cuidasse do meu **tronco** que seria a **minha força**, em seguida, esse cuidado chegaria até as minhas **folhas**, que é o meu **todo**. As folhas são o momento final de nossa cura e transformação. Para que as folhas estejam saudáveis e bonitas, eu precisava primeiramente dar atenção ao que estava abaixo delas, aquilo que sustentava a minha existência e de onde vinha a minha doença, o controle de tudo em mim. Mas, quase sempre, nos esquecemos de dar atenção aos nossos troncos e raízes, por essa razão, nossa árvore da alma adoece, porque não temos resistência nas nossas bases para aguentar todas as pancadas que as tempestades da vida trás.

O meu tempo é único, porque ele diz sobre a minha árvore e o seu tempo diz sobre a sua árvore. Não adianta querer florescer no meu tempo ou no tempo do outro, porque quando fazemos isso, continuamos negando nossa natureza e nossa particularidade, então ouça o seu tempo, respeite-o e deixe que ele te mostre por onde deve começar o seu processo de cura.

Faça por você

Se convide para uma conversa, se prepare uma boa refeição, leia uma história de superação para acalmar seu coração machucado, cante para seus ouvidos, mesmo que desafinado, aponte coisas que você tem orgulho em você mesmo, se lembre de todas as situações e dores que você já enfrentou e como sempre saiu mais forte delas.

Tenha dias parados, aqueles dias bem silenciosos, distante dos sons, das suas relações, dos sorrisos, das trocas de ideias. Enxergue esse dia como um momento de purificar sua alma, que durante a caminhada recolheu alguns pesos e deixou a mente e o coração sobrecarregados.

É importante cuidar de tudo o que forma você, tudo o que sua mente carrega, as feridas que seu coração sofreu... Descanse, diga para todo o seu corpo: "obrigada por me tornar presente nesse mundo" e permita que a sua mente descanse, diga que tudo bem não estar procurando respostas o tempo todo, isso não a torna menos magnífica. Por fim, se recolha, olhe bem para tudo o que você já foi. Tem noção de como você venceu batalhas que nunca imaginou ter forças para enfrentar?

Hoje você merece o melhor que tem para se oferecer.

Autoconceito

O que falamos sobre nós, o que ativamos em nosso inconsciente, faz despertar personagens que você fortaleceu aí dentro.

Sempre que você pensa algo sobre si mesmo, quando **repete** constantemente uma ideia sobre quem é você, isso se internaliza no seu subconsciente e mais adiante, quando as situações te exigem uma ação, esses personagens são chamados para atuar como papel principal.

Você é essa mistura de conto de fadas com vida real, todos os personagens da vida existem em você. Mas a escolha de qual terá o papel principal depende da sua própria ação. Ou seja, quando você internaliza a ideia de que não é competente, por exemplo, a chance de que você fracasse em situações de risco é muito grande. Ou ainda, quando você fala para si mesmo que não é alguém fácil de se relacionar ou que ninguém te ama o suficiente, é bem provável que você tenha relações conflituosas.

Isso acontece porque inconscientemente somos o que formamos em nós. Quando se cria um autoconceito sobre si mesmo, você faz com que o outro também te enxergue através das suas lentes.

Por isso, é importante despertar esses grandes personagens em você. O que você pensa de si mesmo movimenta toda a sua vida, então construa **versões especiais de você**.

Joguinhos emocionais

Nossas emoções podem ser trapaceiras quando se trata das nossas memórias. Nosso humor, ou seja, a forma como estamos, influencia na evocação de memórias que são favoráveis a esse humor. Se estamos tristes, teremos mais lembranças tristes e ruins, que irão ativar um pouco mais esse sentimento que te acompanha. Assim como, se estamos bem e felizes, podemos recordar de momentos mais felizes, que trarão um pouco mais de conforto aos seus sentimentos, e dará todo um colorido à vida.

Uma mesma história tem dois lados, porque você evoca os momentos dessa história que condizem com o seu humor atual. Podemos ser grandes ativadores de **memórias falhas**.

Por essa razão, quando estamos em estado de carência emocional, temos a sensação de estar se afogando cada vez mais nesse sentimento de falta. Isso porque inconscientemente, despertamos memórias que fortalecem esse humor e com um pouquinho mais de lenha na fogueira, o fogo se torna gigante. Isso acontece com todos os estados emocionais que sentimos, pode ser a raiva, a felicidade, a angústia, pegamos essas memórias e mergulhamos elas em nossos estados emocionais, modificando muito da sua realidade.

Nossas emoções e humores realmente controlam grande parte da nossa realidade, como também a transformam em uma grande fantasia. Nesses momentos, é importante isolar um pouco suas emoções. Converse com elas e aceite a presença delas e quando for despertar algumas memórias que fortalecerão esse estado emocional, dê as "boas-vindas" a essas memórias e apenas recorde delas tendo a consciência de que em algum grau, elas estão fantasiadas, nossos sentimentos presentes enfeitam nossos **passados mais cruéis**.

Então, observe esse fluxo se movimentar em você, como um pintor aprecia sua obra mais intensa e apenas permita que passe. Não lute contra a natureza, tudo é necessário e essa é a necessidade humana, sentir e **sentir sempre**.

Nossas emoções não são uma cópia de tudo o que realmente vivemos. Elas se modificam à medida que são influenciadas por nossas emoções atuais.

Meus espelhos

Nossos mundos externos são reflexos do nosso mundo interno. As pessoas na sua vida são como espelhos, você é o que vê. Tudo o que te acontece vem de uma raiz bem mais funda, sua própria imagem. Poucas pessoas são capazes de se olhar no espelho e reconhecer-se. E quando falo se reconhecer, é conseguir se ver para além do que enxerga. Você é mais do que muitos são capazes de enxergar.

Sua vida, suas dores, suas lutas, tudo está dentro de você e se derrama sobre a sua história. Quanto de você tem nesses momentos de dores? Quanto de você tem nessas pessoas difíceis que tem no seu caminho?

Tudo o que você vive, é uma relação de você com si mesmo. Você está presente em cada detalhe da sua vida, desde os momentos mais leves até os mais dolorosos.

Faça um exercício de observar melhor tudo o que acontece ao seu redor e perceba quantas coisas e situações carregam um pouco de você. Observe qual o seu papel nesse instante, o que essa situação diz sobre quem é você e sobre o que está alimentando no seu mundo interno.

Acumulamos tanto dentro de nós que, com a bagunça, poucas coisas são realmente notáveis.

Sua missão com você é conhecer profundamente suas próprias raízes, conhecer seu mundo particular. E então aprender a se conectar com tudo o que forma você. A vida é mais sobre relacionar-se com o outro para chegar até você, é sobre se analisar com muita compaixão, para entender que viveu grande parte dessa caminhada machucando quem mais esteve ao seu lado, **você**. Não há como fugir, porque para todos os lados, a vida te coloca de frente com seus maiores erros, medos e feridas.

Elas sempre estarão presentes em seus momentos, porque elas formam parte do que você acumula em si mesmo.

É preciso muito amor para atender um pedido de socorro de si mesmo, com o mesmo carinho e atenção, como você faz quando alguém lhe procura. Não virar as costas para nós mesmos é a nossa missão, é o nosso ato de amor. Só assim, você terá entendido o sentido de amar, quando for capaz de se amar mesmo se enxergando de formas tão irreconhecíveis, e carregando tantas culpas.

Agora, em cada momento difícil que você enfrentar, busque se encontrar nele, e verá que grande parte do que te desequilibra nesses momentos de dores tem a sua fonte criadora dentro de você. Basta que encontre a raiz de tudo e também terá o equilíbrio desses desequilíbrios internos.

Viajantes

O ato de se sentir livre vem do conhecimento profundo sobre si mesmo. Você sente a liberdade, você passa a aceitar com amor tudo o que te acontece, mesmo que isso não seja exatamente algo que você concorde no seu interior. Isso acontece quando você passa a se encontrar na vida, você já consegue se enxergar em cada detalhe da sua existência e você se enxerga sem nenhuma máscara, sem nenhuma camuflagem. Esse é você, e, à medida que aceita isso, também passa a compreender que terá caminhos dolorosos, escuros, confusos, mas todos eles te trazem uma experiência muito importante e um aprendizado maior sobre você mesmo.

Essa é a paz de estar completamente disposto a aceitar as transformações e as surpresas que a vida nos traz. A maior inimiga do bem-estar emocional e maior aliada do sofrimento é a negação. O ato de negar algo que é inevitável te aprisiona em correntes imaginárias criadas por sua própria mente e essas correntes te aprisionam naquelas situações em que você teve alguma reação de negação diante delas.

A compreensão nos faz entender que existem muitos caminhos para serem experimentados ainda e para que você siga outra estrada é necessário se despedir da estrada atual. Veja como uma tarefa cumprida, tudo o que você tinha para viver nesse caminho já foi realizado. Agora é hora de descobrir novas verdades sobre você em novas estradas que também trarão grandes momentos de reencontro e reconstrução. Mas tenha em mente, sempre, que você nunca permanecerá em um mesmo caminho, o progresso só acontece com as descobertas e para experimentar as descobertas é importante recomeçar a página de uma nova história e se despedir daquelas que já viveu.

Somos cheios de inícios e fins, saber aceitar essa realidade com amor é o ato de cuidar-se diante de toda e qualquer situação.

A aceitação vivida pelo caminho do amor te leva a um olhar mais flexível sobre a vida e, principalmente, te faz passar por todas as situações com uma imensa sensação de missão cumprida, nos livrando daquela sensação de pertencimento a determinada estrada ou história, porque todos os caminhos são especiais. Você passa a compreender que um viajante da vida não pertence a nenhum dos caminhos que conhece, mas pertence unicamente ao conhecimento em si e a todas as transformações que esse conhecimento proporciona dentro do seu mundo.

Sejamos viajantes movidos pelo ato de amar o conhecimento e admiradores de todas as histórias que foram vivenciadas por nós, sejam elas incríveis ou não. Mas que possamos ser sempre apaixonados pelo ato de se sentir vivo e conhecer a vida dentro de diferentes caminhos.

A liberdade te ensina a amar todos os caminhos da sua vida, sabendo que cada um carrega uma parte do que tem em você.

Ser uma folha em branco

Acumulamos tudo em memórias que ficam bem guardadas em nosso inconsciente. Somos acumuladores de momentos, de histórias, de conhecimento e também de marcas que a vida nos deixou.

    Temos o hábito de focar e dar mais importância às feridas. Te desafio a analisar e explorar um pouco dessas memórias e ver o que está mais presente em você. Quais são as memórias que parecem mais vivas dentro de você? O que mais mexe com suas emoções?

    É bem provável que você perceba que somos movidos a maior parte do tempo por memórias de histórias que nos marcaram por meio do medo, da decepção e dos traumas. Mesmo que inconscientemente, ativamos com mais frequência essas histórias e querendo ou não também somos movidos por elas no presente. Tudo está ligado, você molda o seu agora para que ele não venha formar as mesmas feridas que já foram formadas no passado. E dessa forma, acabamos nos esquecendo completamente de permitir que o hoje seja apenas uma folha em branco, na qual você possa colorir de forma espontânea e sem seguir nenhum modelo.

    Essa é a tarefa mais difícil de exercitar, mas eu diria que é a mais importante. Tem um valor enorme aprender a construir as memórias atuais sem estar preso nas memórias passadas, ou sem se preocupar com as futuras. Apenas ser uma folha em branco, completamente vazia e disposta a receber novas pinturas, novas histórias, tudo de forma única.

    Faça essa experiência de não olhar o seu presente através do seu passado e vai conseguir sentir os detalhes desse caminho atual que se encontra. O medo não vai ser mais o seu ditador de regras, não vai mais te dizer o tempo todo qual caminho poderá passar, **passe por todos eles.** Cada lição é única, não tire essa singularidade da vida. Olhe para cada experiência com um novo olhar, dando sempre uma nova chance para si mesmo e para os seus caminhos.

Que cada nova memória possa te trazer o prazer de construir outras tantas memórias repletas de novos caminhos, novos instantes e que cada detalhe **não passe despercebido.** Precisamos aprender a olhar o mundo e o próprio caminho com menos rigidez, sem colocar tanto defeito em tudo. Que possamos refazer as nossas visões sobre a vida, deixando esse vício do pessimismo de lado. E passando a ver as coisas através da verdade. A verdade é equilibrada, é transparente e está livre de qualquer visão distorcida que temos o hábito de formar.

Quando o coração fica para trás, nenhuma história nova é suficiente. Não viva caminhos incompletos.

Uma viagem inconstante

Todos precisamos encontrar uma maneira de nos expressarmos na vida. Cada um à sua maneira busca uma forma de se fazer presente nessa passagem. A sensação que temos é que estamos em um trem muito ligeiro, carregando milhares de sonhos e bagagens que foram construídas durante cada caminho. Somos colocados de frente com milhares de outras histórias que também carregam seus segredos e suas bagagens de momentos que ficaram marcados. Nossa tarefa é conhecer o amor e, além disso, ser o amor.

Cada um com suas histórias de vida, suas marcas, suas vitórias, todos tão singulares e ao mesmo tempo em busca de um mesmo destino, afinal estamos compartilhando do mesmo trem. Qual é o seu propósito? Como você sente essa viagem?

Você tem duas escolhas, a primeira é passar a viagem inteira com medo do caminho, colecionando espinhos e nos esquecendo de olhar a paisagem e permanecer no seu conforto emocional sem arriscar-se nessa experiência. A outra opção é ser completamente apaixonado por cada novo lugar que essa jornada te leva, apreciar a paisagem, experimentar todos os amores, sentir todos os espinhos e encontrar no meio disso as curas necessárias.

Com tudo isso quero te lembrar de que o trem permanece seguindo, que os finais e recomeços continuam existindo e que muitas coisas são inevitáveis, mas tudo o que você tem em mãos são as escolhas que fará sobre o seu próprio caminho, **então faça história**.

Não queira controlar o que não é possível segurar em suas mãos, a vida é essa liberdade. Quanto mais você tenta controlar as turbulências, mais desconforto terá. Não aprisione, liberte. E deixe que essa viagem te **transforme**, isso é o que ela faz de melhor.

Ciclo perigoso

A fixação se torna uma grande gaiola emocional e psicológica quando nos faz prisioneiros das dores e do sofrimento. Um dos maiores vícios do homem é se sentir prisioneiro de suas piores feridas, permitindo que a infelicidade e as dificuldades controlem suas emoções e sensações e com isso ficamos presos dentro de uma gaiola emocional que é fortalecida pelo vitimismo. A dor de alguma forma traz uma necessidade de encontrar um culpado para o acontecido.

O vitimismo é uma função do nosso cérebro que é ativada sempre que a dor agita nosso conforto emocional, nesse momento nos colocamos dentro dessa gaiola como uma forma de proteger a qualquer custo nossas feridas. Nossa mente prega grandes peças e uma das maiores é a fantasia de que somos indefesos perante todos os acontecimentos de nossa vida. Fugindo da responsabilidade de formar nossas próprias escuridões.

O ato de trazer para si mesmo a consciência e as rédeas sobre a própria vida permite a libertação de si mesmo de todo esse círculo vicioso que formamos ao nosso redor quando as turbulências acontecem. Inconscientemente todas as respostas permanecem em nós, e tentar esconder ou transformar essas respostas é uma autodestruição. Você se destrói aos poucos toda vez que entrega o controle de sua vida para a dor, toda vez que se esconde da responsabilidade dos caminhos que tomou, você se destrói um pouco sempre que escolhe o percurso contrário à sua natureza. Você se destrói quando se apega emocionalmente ao papel que o sofrimento te proporciona.

Escolhemos as situações que terão nossa reserva maior de energia e atenção, escolhemos sofrer quando permitimos que a dor se aconchegue em nós, invadindo nossos cantos mais sensíveis, nossas emoções e principalmente nossas feridas passadas.

Precisamos de alguma forma reforçar as imagens que criamos de nós mesmos, com isso, quando formamos uma imagem sofrida de nós, como alguém que é o tempo todo injustiçado pela vida, agarramos o sofrimento a qualquer custo, na intenção de permanecer fortalecendo essa imagem de vítima. O ato de evocar a si mesmo na vida, de forma consciente, te faz dar um grande passo em direção a sua transformação pessoal, te levando de volta para a direção da luz.

Sempre que colocamos a responsabilidade de nossas tempestades em situações externas, estamos apenas escondendo as falhas que deram início a esses estragos, buscando culpados fora de nós mesmos, continuamos permitindo que essas doenças internas cresçam e não buscamos o tratamento para a cura, formando novamente o mesmo ciclo infeliz de sempre.

Encarar a vida de frente é o mesmo que encarar nosso próprio reflexo no espelho. A vida tem um pouco de todos nós, conheça os seus caminhos e conhecerá partes de você.

Existe luz na escuridão

Momentos escuros da vida nos exigem uma força maior na busca de nossa **própria luz**. Eu costumo dizer que a luz é a essência de tudo o que tem vida. A vida é **a vibração** dessa luz, os caminhos são fruto dela e nós somos sua continuidade.

A existência da luz não significa a ausência da escuridão, pessoas iluminadas também enfrentam momentos obscuros, essas mesmas pessoas também carregam um pouco dessa sombra em si, todos nós carregamos. E aceitar essa escuridão que existe em nós é lutar todos os dias para escolher sempre a cura dessas sombras, lhes apresentando o amor na vida.

A própria natureza é formada de dias com a ausência da luz, mas mesmo nas noites mais negras, um ponto de luz faz brilhar nosso céu. Assim é a nossa constelação interior, somos sol no caminho, somos energia e vida, mas quando tudo escurece se dá vida a uma nova beleza, uma escuridão que carrega muitas fontes transformadoras, uma escuridão que pode te conduzir para uma luz muito especial, aquela que vem acompanhada da esperança e conforta as nossas feridas e incertezas.

Eu desejo que você se encontre nos seus momentos de escuridão, que consiga despertar todos os flashes de luzes que sempre existiram em você. Essa inconstância é o que faz de você uma das obras mais encantadoras do mundo. O amor é a fonte dessa luz, ele é a razão e a causa.

Quando se caminha no amor, não existe distinção do que é ruim e bom, porque se entende que até mesmo nos caminhos aparentemente ruins o amor se faz presente e esses **são os** momentos de mais despertamento na vida, porque **grandes** transformações acontecem dentro das **escuridões**. Só existe a luz porque em algum momento, as situações difíceis te ensinaram a se transformar, a ter necessidade de ser forte e se reerguer diante da dor. Foi dessa forma que a luz se formou em você, como um desejo de vida, como uma reação aos momentos de dores.

Quando o seu céu escurecer, aprecie o brilho das estrelas. A luz está em toda parte.

Autocobrança

Somos cobrados de todos os lados, como se a nossa maior missão e responsabilidade fosse alcançar a perfeição em tudo o que buscamos fazer, o que se torna impossível, já que ainda somos compostos por lacunas vazias e obscuras, da qual buscamos fugir o tempo todo, por um medo de encontrar a própria bagunça acumulada. Mas a maior cobrança, aquela que traz mais desconforto à alma, é a sua própria. Nos cobramos o tempo todo, mesmo que sem perceber, porque somos pouco flexíveis as nossas fraquezas.

Não aceitamos estar vulneráveis, não aceitamos sentir a necessidade de preenchimento dentro de nós. Queremos ser completos, mas nos tornamos cada vez mais perdidos no caminho, porque buscamos esses complementos em aspectos que só nos prendem mais a essa necessidade de pertencimento. Cobramos até mesmo coisas que nasceram para serem espontâneas, como a **felicidade**. De alguma forma, colocamos em nossas mentes que precisamos o tempo todo estar em estado de felicidade, não importa o quão machucados estejamos. Essa é uma das cobranças que mais ferem, porque é como se estivéssemos tentando controlar o que é natural em nós, é algo impossível, porque ela é livre demais para ser reprimida. E fazemos isso o tempo todo com nossas emoções, tentamos controlar segurando aquelas emoções boas e fazendo de tudo para que as "más" emoções não se aproximem, mas é impossível estar dentro do mar e impedir que todas as formas de ondas toquem em você.

Nessa atitude de reprimir o que é livre e natural, cobramos até mesmo nosso coração a seguir o caminho que você acha mais seguro, mas muitas vezes ele faz a rota contrária, ele escolhe o caminho de risco porque é a sua vontade inconsciente. O nosso inconsciente nos guia com mais força quando tentamos reprimir suas vontades ou negar sua existência.

Outra cobrança é a necessidade de produtividade, temos a necessidade de estar sempre produzindo e não pode ser qualquer produção, precisa ser a produção perfeita. E quando a alma, a mente pede um descanso, sentimos culpa por aparentemente não estarmos produzindo nada. Essa foi a sociedade que criamos, pessoas que se cobram o tempo todo, transformando-se em máquinas e pouco conscientes de si mesmos e da vida real. Todos estão o tempo todo correndo para se encontrar, para se preencher e se bastar, mas não percebem que estão apenas andando em **círculos ao redor de si mesmos**, se não diminuirmos a velocidade não seremos capazes de nos enxergar.

Nosso Eu busca esse encontro, porque é uma necessidade da alma, mas escolhemos nos encontrar no mundo e nos perder de nós. Porque é socialmente o melhor a se fazer para se sentir parte dessa corrida da qual todos fazemos parte, adoecendo em conjunto. É hora de buscar a rota certa, aceitar os vazios e recolher-se de volta.

Se abrace um pouco. Essas correntes em você são fruto da ausência do seu próprio amor.

Existência compartilhada

Nosso mundo pede por um minuto de silêncio. Nossos corações andam desacreditados das maravilhas da existência, porque hoje em dia a violência se tornou tão comum que não há mais surpresas quando nos deparamos com situações de dores, sofrimentos e disseminação de ódio. Tudo se tornou normal.

Quando tudo isso passa a ser normal para todos nós, significa que precisamos de uma cura urgentemente. Porque em algum momento todos nós demos espaço para a escuridão, permitimos que ela chegasse e se acomodasse em nós, sim em nós. Porque a maldade fora de você carrega parte das escuridões que você carrega aí dentro. Se existe algum ato de maldade, significa que nós contaminamos o mundo com nossas sujeiras. E somos bons em contaminar, o tempo todo estamos contaminando o outro, a vida, a natureza e principalmente a nós. Esse ciclo é compartilhado por todos, porque acumulamos sujeiras dolorosas em nossa alma e nos aliviamos quando libertamos um pouco dessa sujeira no outro e na vida. Mas a forma como contaminamos o outro é uma escolha nossa, você pode contaminá-lo com toda essa sujeira ou pode escolher o amor como fonte de contágio.

Isso explica a razão de muitas atitudes obscuras que tomamos na vida. Quando, por exemplo, desrespeitamos a natureza, quando não enxergamos o outro como um ser que merece ter o seu respeito e a sua admiração, ou, ainda, quando fantasiamos o nosso mundo por meio do nosso modo de pensar, achando que só há espaço para uma única verdade e essa verdade precisa ser a sua, e com isso, você passa a destruir e violentar opiniões contrárias à sua.

Tudo seria mais saudável se o coração guiasse nossos passos na vida. Tudo seria um pouco menos violento se cada um estivesse disposto a olhar e tratar a própria escuridão, sem enxergar o que está fora de você como uma esponja sugadora de tudo o que você deseja despejar por aí na tentativa de se livrar dessas sombras. Mas isso não terá fim até que você entenda que suas próprias sujeiras são responsabilidade sua. Não permita que essas escuridões façam morada em você e nem deixe que ela contamine outras vidas e outros mundos, porque tudo o que tem vida carrega um pouco da nossa responsabilidade, uma vez que compartilhamos da mesma existência. Então cuide de todos os seres, começando por você. Contamine o mundo com coisas boas, acrescente obras bonitas, acumule boas histórias e despeje bons sentimentos, para que possamos todos despertar juntos. Não existe o eu sem o nós, a cura parte de mim e transcende ao outro.

> **Quando marcamos o mundo do outro com amor, estamos espalhando esse mesmo amor em outras vidas. O amor é a nossa marca eterna.**

Nossa história

O ser humano, no decorrer da sua existência, passou por processos de construção e reconstrução de seu interior, transformando suas crenças, modificando suas visões e modelando seus comportamentos. Já enfrentamos muitas revoluções internas e de fato já progredimos muito em diversos aspectos. Nossa maior batalha é vencer nossos vícios mentais, todos carregamos esses vícios e a maioria deles não são saudáveis à nossa saúde como ser em equilíbrio e em ascensão. De fato, ainda estamos impregnados por muitas sujeiras que nossa alma formou durante muito tempo e muitas dessas sujeiras são compartilhadas, transmitidas em um coletivo.

Progredimos em muitos aspectos, somos seres inteligentes e com uma grande força dominadora e criadora. Basta observar o nosso mundo atual e enxergar que tudo ao seu lado tem um toque do ser humano, isso realmente é significante, porque esse progresso trouxe grandes modificações em áreas importantes como na saúde, na tecnologia, na forma de vida mais confortável. Mas em meio a tudo isso, esquecemos de progredir em um dos aspectos mais importantes, a alma. O homem descobriu o poder que tem em mãos, mas usa grande parte desse poder e dessa força para produzir muitos atos desumanos. Na tentativa de se encontrar como alguém capaz, o homem se perdeu de uma das maiores forças que carregava, a sua humanidade, a sua lealdade a tudo o que desperta a vida nesse planeta e com isso, se perdeu de si. Ele realmente tem tudo em mãos, mas não encontrou a receita para a verdadeira satisfação pessoal, porque esse ingrediente não se pode possuir com base no poder, esse ingrediente vem do maior desafio de homem, mergulhar em si mesmo.

Enquanto os corações forem silenciados, para que a ambição fale, o homem vai permanecer nessa falsa satisfação pessoal e cada vez que der espaço para a luxúria e a vaidade pessoal, mais distante do seu real objetivo ele vai estar. Isso porque nossa natureza não se alimenta de matéria, nossa alma não tem sede desse tipo de poder, ela se satisfaz de laços fortes e reais que são formados principalmente no processo de reconstrução de suas escuridões e faltas, dando espaço ao amor e à liberdade pessoal de ser quem é, sem a necessidade de nenhuma máscara, que são colocadas na tentativa de se sentir completo e realizado.

Basta observar o passado da nossa humanidade e perceber quanta dor e quanto sangue temos em nossas mãos. Deixamos marcas dolorosas na nossa história, quando nos permitimos ser alvos dessas falsas satisfações e desse poder quando não controlado da forma correta. Chegou a hora de curar essas marcas, a começar por nossas marcas pessoais, para que a cura seja feita de forma completa em cada um.

Encontrando a luz novamente

Quando a escuridão chega, quais são os cuidados que você tem com si mesmo nesses momentos de vulnerabilidade?

É mais comum que o desconforto da dor nos incomode ao ponto de não enxergarmos esse momento como uma oportunidade de autocuidado, mas ao contrário, fugimos desses momentos, porque esse incômodo machuca, balança nossas estruturas e isso traz uma série de emoções ao mesmo tempo, principalmente a negação e a culpa. De certa forma, sempre que um caminho que tomamos nos leva a um destino que é diferente do que esperávamos, nos sentimos culpados de alguma forma, como se tudo mais uma vez fugisse do nosso controle e isso não é bom, não é certo. Mas as coisas continuam fugindo de nosso controle, os caminhos continuam cheios de finais inesperados e a vida continua tomando suas próprias decisões sem pedir permissão alguma, porque ela é o que é além de você.

Não temos a capacidade de amarrar a existência e as situações, desejando que tudo tome o rumo das nossas vontades, porque não temos o mundo em mãos, não temos as rédeas desses movimentos que a vida toma o tempo todo e nunca teremos. Afinal, se nem sobre o nosso próprio mundo interior temos tanto controle assim, quem dirá de uma imensidão de eventos que é a vida. Muitas ou quase todas as nossas frustrações aparecem por causa desse desejo inconsciente de ter o controle dos nossos eventos, mas sempre nos deparamos com a prova de que forças tão naturais não foram feitas para serem dosadas, ou controladas de acordo com o que achamos certo ou não. Tudo é como é. Mas o que você faz a respeito?

O mundo ainda te abrirá muitas feridas, ou ainda farão essas mesmas feridas que você carrega serem tocadas e quando isso acontece, é porque a cura ainda não foi encontrada por você mesmo. Realmente a vida toma suas próprias decisões, mas e se eu te disser que parte desses caminhos estão em nossas mãos? E se eu te disser que você tem responsabilidade por parte desses movimentos surpresos? De certa forma, essa culpa estranha que sentimos em momentos de dores, é a voz do nosso inconsciente que fala, ou melhor, que te mostra todas as outras formas que você tinha de fazer essa estrada ter um destino menos doloroso. Realmente temos muito desse controle, porque nossa história não é apenas um ciclo de desejos da vida, ela tem muito mais de nossas próprias ações e decisões, mesmo que inconscientemente.

Agimos, escolhemos, atuamos no mundo e, consequentemente, modificamos as estruturas do caminho. Então tudo o que te fere foi formado por você mesmo, foram espinhos que você colocou em você quando não soube lidar com sua própria imensidão, assim como as realizações são frutos das suas boas obras e escolhas baseadas no amor. O mistério de tudo isso é que no momento da ação, quando estamos experimentando certo caminho, nos permitimos agir mais pelas emoções a flor da pele e menos pelo ato consciente do sentir, e isso faz com que a dor chegue até nós e nos perguntamos como ou porque, quando na verdade foi você mesmo quem deu a rota do caminho para que ela te encontrasse, foi você quem permitiu que a poeira continuasse crescendo e se multiplicando em você, apagando aos poucos a luz e te trazendo de novo para o escuro.

E agora? Você está no escuro. O que fará sobre isso? Continuar carregando culpa por tudo o que poderia ser, mas que de alguma forma não foi? Ou vai simplesmente escolher ser diferente agora? Você pode fazer essa escolha não importa a quanto tempo essa escuridão esteja te acompanhando. A escolha para acender a luz é sua, no seu próprio tempo e quando a sua voz disser onde está a fonte da sua cura pessoal. E acredite, essa hora sempre chega e é como um novo nascimento que você se permite ter na vida. Então renasça, venha para o mundo, ele te esperava a muito tempo.

As nossas escuridões nos mostram o quanto ainda precisamos do nosso próprio colo e amor.

Eu te aceito: dor

Falei baixinho pra mim que tudo bem, a dor não precisa mais se camuflar, eu aceito e permito que ela venha, mas com a condição de que não permaneça onde a luz deseja entrar.

Fale para si mesmo: "tudo bem estar onde estou. Tudo bem sentir um pouco demais, tudo bem me sentir tão vulnerável a tudo. Tudo bem deixar machucar".

Fugimos o tempo todo, mas precisamos deixar de correr de tudo. Aceitar a existência de dias dolorosos é importante para o processo de transformação. Não quero que veja as dificuldades como noites cruéis para você, mas contrário a isso, desejo que você aprecie as noites da forma como aprecia o dia. Entenda que a dor não é sua inimiga, ela te faz crescer, só por meio dela temos capacidade de encontrar nossas forças e admitir a nós mesmos muitas partes obscuras que ainda carregamos. Então não lute contra o caminho da luz. A iluminação da alma se dá no processo entre a **dor** e a **cura**. Esse meio é a resposta, é o momento em que nos encontramos. Caminhamos da dor para a cura dela e nesse caminho, nos deparamos com nós mesmos estacionados em algum lugar entre essa trajetória, estamos feridos, cansados e precisando de uma esperança para seguir viagem. Se encontre nesse instante, se acolha e se cuide. Para que consiga continuar trilhando suas jornadas de cura pessoal.

Teremos muitos processos assim durante a vida, porque em vários momentos teremos que cair e sangrar para entender que não estamos no lugar certo. Permanecemos em algum momento travados e precisamos de um impulso para caminhar e a vida dá forma a esses impulsos que nos faz estremecer todas as nossas estruturas para que uma nova construção aconteça. Ao caminhar com si mesmo, a vida se torna mais verdadeira, porque em todas as suas quedas, você sentirá o cuidado de que precisa para se curar, o seu próprio carinho e acolhimento.

Se enxerga nessa escuridão? Se sente perdido e sem nenhuma base sólida para se sustentar? Ótimo, você está no caminho certo para a sua iluminação. É necessário não ser **nada** em determinados momentos, para ser **muito** lá na frente. Você se torna forte à medida que passa por situações em que a sua força é chamada a atuar. Você se torna puro quando permite que a vida te desconstrua aos poucos, até que sua luz seja mais forte do que suas fraquezas. Então porque fugir de um ato de amor da vida, com nós mesmos? Tudo bem não sentir nada bem.

Tudo bem se permitir estar na vida de forma transparente e real, sabendo que todos os dias as lições trarão à tona uma versão diferente de você e que cada versão é importante. Acolha suas lágrimas, cuide de suas feridas, ouça as suas próprias dores e lamentos, mas não deixe que o que tem em você de mais sincero, seja mascarado pela necessidade de uma perfeição que não condiz com o que realmente significa ser perfeito. Somos, sim, perfeitos, à medida que permitimos que nossas imperfeições tenham espaço em nossas vidas e que aceitamos tudo o que nos preenche. Somos perfeitos quando aceitamos não ser essa imagem moldada de um Eu fantasioso e passamos a acolher a nossa verdadeira perfeição, essa que carrega vazios, sombras, erros, mas que, acima de tudo, é você.

Venha conhecer o nosso conto de vida

Quando somos a vítima de alguma situação, tudo é mais fácil de lidar. Os contos de fadas, nos ensinam que existem o bem e o mal. Aqueles que fazem o bem são os mocinhos da vida, mas não é permitido que eles tenham qualquer comportamento ruim. Já aqueles que tomam decisões egoístas, que machucam alguém, mesmo que sem ter consciência, são os vilões.

A vida não é um conto de fadas e nem mesmo o próprio conto de fadas deveria ser chamado assim, já que nele também existe os momentos de dor, nem tudo é tão colorido. Mas venho aqui falar um pouco sobre nossos vilões e nossos mocinhos. Quantas vezes já atuamos em um desses papéis na vida? Normalmente, buscamos o papel do mocinho, queremos fugir da culpa que os vilões carregam consigo, mas nós somos os dois, em muitos momentos de nossas vidas. Somos os mocinhos, quando deixamos a nossa pureza agir, a pureza é a característica principal de um mocinho. Mas será que os mocinhos não carregam nada de seus vilões em si?

Aqueles que nomeamos como vilões em nossa vida, são pessoas que em algum momento foram atingidas por nós, para que venham ser vítimas de sentimentos tão dolorosos. Aqueles que você diz serem seus inimigos carregam espinhos que você colocou em suas almas, mesmo que, às vezes, você sequer perceba que criou uma ferida em alguém. Os vilões já foram os mocinhos na nossa história, tudo o que eles carregam em relação a você, diz sobre alguma falha que você cometeu com essas pessoas. Nós também ferimos pessoas boas, não somos um alvo do mundo, como se estivéssemos sendo atacados de todos os lados sem nenhuma razão. Os vilões carregam dores que fizeram com que eles se afastassem da luz na vida e até mesmo da própria luz. Essas pessoas são as que mais precisam conhecer o amor, essas pessoas são as que merecem nosso lado mais **bonito**, porque elas se perderam do seu próprio lado bonito. Pensar que somos um pouco responsáveis por essas dores do outro, nos dá a missão de amá-las e esse amor faz despertar o que tem de mais bonito no outro.

Por isso, costumo dizer que não existem pessoas boas ou ruins. Existe nós, que somos a essência da luz, mas que estamos lutando contra nossas escuridões. Existe você, que pode nesse momento estar lutando com suas escuridões, pode estar permitindo que a dor continue movendo os seus passos, mas sei que também existe a sua pureza, que deseja muito que toda essa dor passe logo, buscando sentir o lado bom da vida e vencer suas partes rígidas. Por isso, está na hora de quebrar mais esse padrão de perfeição que criamos, onde diz que o mundo é separado entre times bons e ruins. A vida é uma só, nós estamos em momentos diferentes na caminhada, alguns enfrentam seus espinhos com mais facilidade, outros sentem a vida com mais dor, mas todos carregam a mesma luz de vida dentro de si.

Enxergar o outro como uma missão nossa nos faz entender que tudo o que ele carrega pode se tornar mais leve se eu me comprometer em mostrar o melhor da vida a ele. Nossas sombras e luzes se encontram em muitos momentos, mesmo que você não perceba. Você está rodeado de pessoas que estão sangrando nesse momento e suas sombras conversam com a luz que você carrega, então deixe que sua luz cure as sombras dessas pessoas que se encontram doentes. Caso a dor seja em você, conheça a luz que outras pessoas carregam, para que a sua luz também volte a se fortalecer.

Luz ou treva são momentos. Você é mais do que uma qualificação de bem ou mal. Você é a vida em todas as suas formas.

Nosso chamado

Seguir nosso caminho é o nosso principal desafio. Podemos e vamos passar por muitas estradas diferentes durante nossa viagem, mas não podemos achar que essa viagem não carrega nenhum propósito. Tudo carrega propósitos nessa vida e um dos mais importantes é o seu.

Temos um propósito individual, um caminho que precisa ser trilhado por nós, considere o que chamo de propósito, aquilo que seu coração carrega como missão de vida. Todos nós somos uma peça importante nessa vida, todos nós temos algo importante para realizar, tanto por nós mesmos como por outras pessoas. Nossa natureza irá dizer o momento certo de começar a realizar nosso propósito. Primeiramente, antes de realizar qualquer coisa pela humanidade, vamos aprender a conhecer nossas particularidades, precisamos aprender a **ler a nós mesmos**, antes de tentar ler qualquer outra pessoa nessa vida. Com isso, podemos dizer que nosso primeiro propósito na vida é abraçar nosso mundo interior, para só depois, conseguir abraçar outros mundos.

O abraço é uma das demonstrações de amor mais especiais que existem. Para mim, o abraço diz mais do que qualquer palavra conseguiria dizer. Quando abraçamos, permitimos que dois mundos se encontrem, o meu coração dança no ritmo do seu. O abraço é o mesmo que confiar tudo o que temos nos braços de uma outra pessoa. Abraçar é dividir não só o mesmo espaço, mas também o mesmo calor, é se fazer transparente por alguns instantes para uma outra pessoa. Entende quanto amor tem em um abraço? Esse é o nosso chamado de vida. Aprender a abraçar a si mesmo é se enxergar em um espelho, permitindo que todas as suas marcas sejam apreciadas, permitindo que seu mundo interior, tudo isso que carrega no coração, se comunique com você. Se abraçar não é só se enxergar, mas se **acolher**. Quando você se acolhe, está permitindo que todos os seus medos e fragilidades encontrem um descanso, **se abraçar** é estar **em casa com quem mais se ama**.

O nosso segundo propósito é transferir esse abraço ao mundo. Nosso chamado com o mundo não diz apenas sobre uma única missão. Nossa missão é com aqueles que a vida nos apresenta, mas também, com aqueles que sequer vamos conhecer algum dia. Quando amamos alguém, ensinamos essa pessoa a amar também e ela, um dia, vai amar outro alguém por meio do amor que recebeu de você. Olha que ciclo maravilhoso. Nosso amor é infinito, por essa razão, o amor é o nosso propósito. Todo o resto se movimenta a partir desse amor. Isso significa que, quando abraçamos uma outra pessoa a quem amamos, estamos transferindo esse abraço a outras pessoas, que também serão abraçadas por aqueles que conheceram o seu amor. A vida é um ciclo, nosso chamado é conectar cada ser em um mesmo amor.

As pessoas passam a vida se perguntando a razão de sua existência, na busca de fazer missões grandiosas que transformem o mundo. Elas não estão erradas, realmente temos grandes coisas a serem feitas aqui, mas essas coisas acontecem nos pequenos detalhes da sua vida. Nosso chamado é amar, como já foi dito. Esse amor primeiramente, precisa estar em nós, por isso, somos os primeiros a sentir o sabor desse amor. Depois, esse amor precisa ser compartilhado com o mundo. A terra também precisa de nós, não podemos dizer que conhecemos esse amor sagrado, se continuamos praticando atos de egoísmo com o nosso lar. Dizem que a forma como cuidamos de nosso lar, fala muito sobre o que armazenamos em nós mesmos. A Terra é o nosso lar atual e tudo o que vemos é dor e destruição com a nossa mãe natureza. Basta olhar para nossos mares, nossas florestas, para enxergar o quão doentes estamos por dentro. Tudo o que vocês enxergam de desastres naturais é reflexo da bagunça que ainda carregamos dentro de nós. **A Terra é o reflexo de nossos corações**. Ainda não conseguimos sentir esse amor sagrado, porque não amamos nem mesmo o lugar que nos abriga, que nos protege. Só sentiremos esse amor quando começarmos a entender que a nossa bagunça precisa ser responsabilidade nossa. O amor é sobre cuidado, se não cuidamos e abraçamos nosso lar, vamos continuar perdidos sem conseguir seguir nosso chamado.

Uma nuvem escura no céu

Os dias passam depressa, a vida passa correndo. Precisamos ocupar nosso tempo com coisas que acariciem nosso coração. Viver essa corrida lutando contra aquilo que realmente desejamos é tornar o céu um verdadeiro inferno.

O inferno para mim está presente em nós. Somos o nosso céu e nosso inferno. Ele existe em mim e em você, quando matamos os desejos do coração, na tentativa de ter uma vida luxuosa. Inferno é a escuridão que carregamos em nós. Nosso inconsciente carrega muitos infernos, muitos monstros destrutivos, mas tudo foi criado por nós. Cada detalhe do seu mundo interior, é uma construção pessoal sua. Isso significa que, nosso inferno é o acúmulo de nossas **doenças psíquicas**. Quando vivemos uma vida vazia, estamos desviando da rota de nossa felicidade real, o caminho do coração, isso faz com que a alma acabe acumulando algumas doenças, que são resultado de uma felicidade que foi destruída e uma vida que foi reprimida. No instante em que adoecemos, uma ferida fica marcada em nossa alma, uma pessoa doente precisa de cuidados, mas muitas vezes, nós negamos o tratamento dessas feridas, e, quando isso acontece, o machucado continua sangrando e doendo muito, mas você se acostuma com essa dor. Acostumar-se com a dor e com a escuridão de uma vida rasa é o **nosso inferno**.

Com isso, percebemos que o inferno, além de estar em nós, também faz parte do seu presente. O inferno não vem com a morte, ele se forma em você aqui e agora, quando você mata a vida que existe em você. Quantas pessoas vivem nesse inferno diariamente e sequer percebem? Para alguns, a dor é sua companhia diária e a escuridão já não é tão assustadora assim. É nesse momento que percebemos o poder que damos as nossas pequenas escuridões e como elas cresceram em nós.

Eu te apresentei o seu inferno, mas não se sinta mal por isso. Todos nós carregamos nosso inferno, são as nossas escuridões. Cada um acumula a sua bagunça da sua maneira, mas todos nasceram para viver na luz. Por essa razão, mais importante que conhecer o seu inferno é construir o seu céu.

    Lembre-se de que o céu abriga todos os brilhos, incluindo a própria escuridão. A diferença é que o céu nunca deixa de derramar luz mesmo que esteja um pouco mais escuro. Você precisa deixar o seu céu brilhar, mesmo nos dias escuros. A ferida precisa existir, mas ela tem um propósito de trazer a cura, tudo o que dói em nós, está dando um aviso sobre alguma parte doente que precisa ser cuidada. Dessa forma precisa ser a vida. Sempre que se machucar, perceba o que precisa do seu cuidado e faça algo para melhorar. Isso é brilhar em meio à escuridão, isso é **trazer o céu para o inferno**.

    Você não vai fugir do seu inferno ou fingir que ele não está aí. Isso seria negar uma parte de você e não podemos negar nada que compõe quem somos. Você vai conhecer o seu inferno, vai perceber os seus machucados abertos e então, buscar tratar de cada um, de uma maneira única. Dessa forma, você vai reformar o seu inferno, fazendo uma limpeza profunda, daquelas faxinas grandes e detalhadas, para que a luz volte a preencher tudo o que estava morrendo em você. Limpe o céu do seu inferno, porque ele também carrega parte da sua luz, que só estava fraca demais para brilhar. Essa é a sua tarefa, cuidar de todas as suas lacunas. A cura da alma só acontece quando enxergamos a doença, precisamos estar de frente com essas doenças, para então tratar de cada uma com o amor que temos em nós.

    Enxergue o que está além das suas nuvens escuras. Toda escuridão carrega uma pequena essência da luz.

Confie na sua estrada

Quando as coisas estiverem confusas, quando tudo estiver distante do que você esperava, naqueles momentos em que a vida nos derruba, como uma onda forte, não se cobre tanto.

Esteja no meio do furacão, mas permaneça consciente, porque caso você se envolva demais com a situação, o furacão pode te parecer mais forte do que realmente está.

Hoje eu venho te libertar, quero te dizer que você não precisa nadar contra a correnteza forte, tente se soltar, deixe de resistir e olhe aonde essa correnteza irá te levar. Aproveite a inconstância da sua vida, observe a bagunça que os eventos turbulentos causam, eles podem estar te mostrando que talvez exista outros lugares para estar e outras maneiras de ser. Depois que tudo passar, você se sentirá menos cansado, porque as ondas fortes já carregam muito de nossa energia, mas quando lutamos contra esse fluxo, nos cansamos mais.

Eu ouço muito falar sobre confiança. Todos nos dizem para aprender a confiar, porque as coisas se tornam mais fáceis assim e a vida fica mais leve. Mas, afinal, o que seria confiar? Não podemos praticar aquilo que desconhecemos e tenho a impressão de que poucos sabem a real identidade da confiança. Eu costumo dizer que confiar é descobrir o invisível, a confiança é uma força interna que temos diante das situações difíceis, quando a onda está forte demais para ser controlada e paramos de lutar. Nesse instante, nós damos o primeiro passo para a confiança. Para confiar, precisamos ter o gosto do medo da queda, para então descobrir nossas asas. Vejam as asas como a confiança invisível que temos, mas que não enxergamos. A confiança é o risco de se permitir cair, porque sabemos que temos capacidades que vão além de nossa compreensão e essas capacidades, nos dão uma proteção na vida.

Mas, então, confiar em quê? Ou em quem?

A confiança precisa ser uma via de vários destinos. Para se entregar às ondas, você precisa confiar primeiramente em você. Quando estamos em alguma situação de risco, esperamos que sejamos fortes o suficiente para vencer esses conflitos. Nesse momento, você aprende a confiar em si mesmo. Quando estamos em momentos de dores, o nosso EU ferido espera que o nosso EU forte vença essa batalha. No instante em que entregamos nossas dores nas mãos desse EU forte, estamos confiando nossa existência em nossas próprias mãos.

Depois que você tiver percorrido o caminho da confiança em si mesmo, você vai conhecer a confiança na vida. A vida é a força criadora, é o seu lar atual. Não podemos caminhar por estradas que não nos dão segurança, por isso confiar na vida é tão importante. Essa força criadora e transformadora, tem o seu fluxo natural, ela tem uma ordem para tudo e cada detalhe está no seu devido lugar. Quando caminhamos lutando contra essa organização natural que é a vida, estamos indo contra os nossos encaixes. Podemos passar por muitas estradas, mas a vida sempre te levará para aquela em que a sua natureza terá o seu desabrochar. No final, nossas raízes sabem qual é o lugar mais seguro para crescer e para morar. Essa deve ser a nossa certeza. Saber que o nosso EU iluminado se conecta com a vida e juntos, eles encontram o caminho que diz sobre o nosso coração. A vida tem um dom de ouvir a voz de nosso coração, ele nos diz quando estamos onde realmente deveríamos estar e também diz quando não estamos em terras seguras. Ouvir a si mesmo é permitir que a vida te guie, confiando que ela sabe o destino que você merece.

O que vivemos quando desviamos do destino

Algumas vezes os desvios são necessários. Construímos o nosso caminho de forma linear, de forma que possamos seguir uma mesma direção, isso nos dá uma sensação de segurança. Mas em muitos momentos, acabamos nos distraindo com o encanto de outros caminhos, quando isso acontece, saímos da rotina, quebramos nossos hábitos constantes, vamos contra algumas fixações que temos. Mas isso não é ruim, eu diria que isso é essencial. Às vezes o caminho surpresa é importante.

Nós precisamos de estradas tortuosas, pessoas complicadas, situações que nos tirem de nossa resistência, para que possamos evoluir como seres de luz que somos. Todas essas situações são vistas como perda de tempo por nós, às vezes, aquele relacionamento que parecia tão perfeito, acabou te ferindo imensamente e não terminou como você esperava, até porque nós nunca esperamos pelos términos, mas precisamos ter consciência dos nossos finais e que eles um dia acabarão chegando. Com isso, enxergamos tudo o que vivemos com essa outra pessoa como uma perda de tempo, uma página que foi desperdiçada em nossa história, mas não percebemos que essas páginas mais delicadas transformam toda a nossa história como um todo. Talvez se você não tivesse desviado do seu caminho e caído nessa armadilha da vida, você não estaria da mesma forma que se encontra hoje. Tenho certeza de que hoje você aprendeu a se amar um pouco mais, está mais resistente com tantas quedas, se sente mais realizado por ter conseguido encontrar o caminho de volta para você, mesmo depois de estar tão perdido. Tudo isso é resultado do que você chama de "erro". Algumas coisas precisam ser apenas passageiras em nossa caminhada, precisamos mudar a rota um pouco, porque algo especial nos chama naquele caminho diferente, mas isso não significa que você tenha que permanecer nessa estrada, às vezes é só uma fuga rápida da rota principal e tudo bem.

Enxergar os instantes da sua vida como tesouros que nos são emprestados é a melhor forma de viver. As pessoas e os momentos são tesouros que são confiados a nós por um determinado tempo. Temos a responsabilidade de cuidar bem dessas preciosidades, mas não podemos nos esquecer que em algum momento tudo isso terá que partir, seus cuidados já não serão mais necessários e chegou o momento de **brilharem em outros caminhos.** A vida é mais valorizada quando sabemos que o que temos agora, um dia, não estará mais aqui. Com isso, aprendemos a soltar tudo o que prendemos achando que nos pertence, porque aprendemos que nada estará eternamente em nossa estrada. Essa liberdade é a essência da vida, construímos muitas coisas especiais, vivemos momentos bonitos e formamos relações importantes, mas cada coisa volta ao seu devido lugar **no final do jogo**. Nenhuma peça te pertence, foi tudo emprestado para que você se envolvesse nesse jogo da vida, mas tudo tem a sua liberdade particular.

No fundo sabemos dessa realidade, mas não conseguimos libertar o que nos alimenta emocionalmente, fortalecemos nossos vícios, nossas necessidades ou nossas carências, encontrando refúgio dentro desses caminhos tortuosos, mas não podemos esquecer que precisamos continuar caminhando, a jornada não acabou e terá um momento em que toda essa bagagem acumulada, que você carrega como fonte de alimento emocional para si mesmo, terá que ser deixada em algum lugar durante o caminho, porque já não terá espaço para ela no seu destino final. É assim o nosso jogo, a nossa realidade, e podemos lutar contra isso e continuar carregando pesos desnecessários ou aceitar e seguir a viagem livremente.

Tudo passa a doer menos quando passamos a ser a nossa própria morada e entendemos que todos os outros caminhos são apenas momentos.

Os finais recomeçam a vida

Alguns pontos finais são difíceis de serem dados e aceitos. O coração nem sempre escolhe caminhos tão seguros, alguns são desafiadores e cheios de ondulações, mas eu costumo dizer que o coração sempre sabe o que faz, mesmo que às vezes pareça que não. Algumas histórias nasceram para se cruzarem, essas histórias normalmente funcionam como cura uma para a outra. Conseguimos sentir a energia da ligação só pelo encontro dessas almas, como se uma sempre conhecesse a fundo o mundo da outra.

Nesses momentos, colocar um ponto final é quase uma violência, mas os finais existem e sempre estão acompanhados de um propósito especial. É preciso muita força para ir contra nossos impulsos e desejos, muitas vezes somos tão guiados por essas forças emocionais que nos esquecemos de que **a vida não termina com o fim de uma história**. Perceber isso é libertador, porque sabemos que o mar é longo e a navegação não acaba nas primeiras despedidas.

Quando você se esbarrar de frente com essas ligações fortes, vai sentir um amor especial, como se ele sempre estivesse aí, só esperando o momento certo para se libertar. Saiba que ligações não acabam com a mesma velocidade que as histórias, algumas duram uma vida toda ou até mais. Quando dois mundos se encontram em um encaixe perfeito, eles sempre pertencerão um ao outro de alguma forma, seja pelo amor, pela lembrança especial, pela amizade ou por qualquer caminho que o coração escolha seguir.

Mas, acalme-se, a vida precisa seguir e você terá outras ligações tão especiais quanto essa. As pessoas são especiais, são vida ao mundo e às vezes ao nosso mundo também. Cuidar de quem passa por nós é importante, porque essa é uma **marca**

eterna. O outro terá uma página especial na sua vida, cada um tem, de forma única, mas chega um momento em que é necessário virar a página para escrever novas histórias em folhas novas. Mas o coração é ótimo em agarrar aquilo que o toca de forma especial, ele pode acabar sendo até egoísta com si mesmo em muitos momentos. Nem sempre temos a solução e nem sempre conseguimos deixar que pessoas especiais partam do nosso mundo. E tudo bem, estamos todos nos segurando um no outro na esperança de não cair, mas às vezes cair é o primeiro passo para a cura desse fim.

Mais do que se agarrar em quem amamos, precisamos nos agarrar em nós mesmos, porque em algum momento o outro não vai aguentar te segurar junto a ele, mas no final é você quem sempre está ali embaixo se segurando com todas as forças. Então não amarre o seu mundo no outro para sempre, dividam a força juntos, ajudem-se e segurem o mundo um do outro, mas nunca deixe o seu para trás. A vida traz pessoas lindas, que te ensinam sobre novos olhares, deixam a vida mais prazerosa, porque viver é incrível, mas viver junto é pura energia de amor.

É bom estar onde você está agora, é o melhor lugar do mundo, porque é agora que a história acontece, ela é uma página nova e você tem milhares de formas de preenchê-la. Escolha a melhor forma, porque todas as páginas ficam marcadas em nós. O coração vai te mostrar por onde começar e ele também vai dizer quando tiver que acabar. Nós sentimos o fim antes do ponto final. Os finais sempre chegam um pouco antes, como um aviso de que está na hora de virar a página.

Nossos pontos finais são reticências de novas histórias. Não é o fim do livro, é apenas mais um fim de história, mas calma... Há sempre novas histórias para serem escritas e vividas.

O fim do poço é a porta camuflada do caminho para a cura

Espero que o dia esteja mais leve, que esteja se cuidando como merece, mas se as coisas não estiverem muito bem por aí, vim dividir essa dor com você.

Vamos falar um pouco daquele momento em que a vida já conseguiu nos derrubar de todas as formas, quando já fomos afogados muitas e muitas vezes por nossos problemas e desafios. O que você pode conhecer como fundo do poço. É... às vezes o poço parece não ter fim, não é mesmo? As quedas são tantas que o chão nunca chega e, nesses momentos, tudo o que desejamos é uma pausa de toda essa dor. A vida nos derruba diversas vezes, algumas quedas são difíceis de serem superadas, acabamos marcados de forma mais funda. Talvez você esteja em meio a uma das suas quedas mais longas, por isso vim aqui ser o seu chão por um instante, para que tente se recuperar por alguns momentos e quem sabe, consiga encontrar a saída.

Em muitos momentos, podemos manipular nosso caminho, causando nossa queda, mesmo que inconscientemente estamos tropeçando em nosso próprio pé. Enxergar nossas manipulações inconscientes é importante para encontrar o fim desse poço mais depressa e começar a subir. Nós manipulamos nosso caminho quando enxergamos a estrada com uma curva perigosa e em vez de desacelerar um pouco para ter cuidado, aceleramos o máximo que podemos, mesmo sabendo que o fim dessa ação não terá bons resultados, mas arriscamos no descuido com nós mesmos para alimentar um pouco nossa escuridão. Quando agimos de forma desrespeitosa à vida em nós, estamos mais uma vez permitindo que nosso ego se torne nosso vilão e acabe nos levando direto para o poço.

O nosso ego tem a responsabilidade de manter o equilíbrio entre nossos impulsos e nossas moralidades. É ele quem tem a missão de nos trazer para a realidade e escolher o caminho mais seguro, mas nem sempre ele faz o seu papel de forma correta. É como a medida certa de uma receita, nem tão doce e nem salgada demais, a medida certa. Mas o nosso ego pode, muitas vezes, exagerar em uma das doses e esquecer a outra, quando extrapolamos em nossos desejos e impulsos, passamos a **reagir** à vida e deixamos de senti-la. Nossos impulsos são aquela adrenalina de ver a estrada na nossa frente e ter um desejo imenso de acelerar o máximo que podemos para sentir um pouco de prazer. Enquanto o nosso senso de moral é o nosso freio, precisamos dele em alguns momentos para não bater, mas se freamos o tempo todo, ficamos estagnados e não seguimos a viagem. Já o ego em **equilíbrio** é a velocidade certa, ele tem a missão de nos permitir desfrutar da estrada, mas nos dá o limite diminuindo a velocidade quando necessário.

Mas na vida costumamos acelerar muito, sentir a adrenalina do incontrolável e só usamos o nosso freio quando somos forçados a parar, ou, em alguns casos, acabamos batendo com tudo, causando um estrago enorme e só depois entendemos o valor do nosso freio, mas já causamos o acidente, estamos feridos, fomos arremessados para o fundo do nosso poço.

Agora, quando o estrago já foi feito, quando desequilibramos nossa vida, nos encontramos em uma das situações mais dolorosas, **se ver aos pedaços.** Mas quando chegar nesse nível, só terá uma saída, apenas uma resposta, juntar cada pedacinho com todo o amor possível e subir. Subir, porque você chegou ao lamaçal do poço e agora você está pronto para começar a escalar de volta para o equilíbrio da sua vida. Aproveite a estrada, porque ela é única, mas quando o perigo estiver logo adiante, entenda a hora de desacelerar, pise no freio.

O lado bom do fim é que depois dele tudo o que temos é o recomeço.